Matthias Kneip

Polenreise

Orte, die ein Land erzählen

hotpoets

Band 6

Matthias Kneip

Polenreise

Orte, die ein Land erzählen

House of the Poets

Paderborn Paris

Die Texte „Monster aus Beton. Wolfschanze“ und „Geschichte, die sich verändert. Auschwitz-Birkenau“ sind mit geringfügigen Veränderungen folgendem Buch von Matthias Kneip entnommen: Grundsteine im Gepäck. Begegnungen mit Polen. Paderborn: House of the Poets 2002.

Dieses Buch entstand mit freundlicher Unterstützung des Polnischen Generalkonsulats in München.

Erste Auflage 2007

House of the Poets
Rathenaustraße 58
33102 Paderborn
Tel.: 05251-6897950
Fax: 05251-6886815
www.hotpoets.de

Druck: inprint GmbH, Erlangen
Coverdesign: Komma GmbH, Paderborn
Layout Inhalt: Mario Fleischer
Fotos: Matthias Kneip

Printed in Germany
ISBN: 3-936706-10-7

Inhalt

Stettin

Thorn

Warschau

Den Charakter eines Landes zu beschreiben ist ähnlich schwer wie den eines Menschen. Jedes Wort, jeder Satz scheint irgendwie zu groß und zu dick zu sein für die feinen Nuancen, um die es dem Beschreibenden eigentlich geht. Und jeder wird schließlich zu einem anderen Ergebnis kommen, obwohl das Land oder der Mensch immer gleich sind.

Vielleicht gelingt es den klassischen Reiseführern noch am besten, ein Land zu rastern, es mit Daten und Fakten für den Ratsuchenden festzunageln, um ihm ein einigermaßen objektives Bild zu vermitteln. Doch dieses Rastern gleicht der Skelettierung eines Körpers, seiner Reduktion auf das Harte, unumstößlich Fixierbare. Fleisch und Blut, ganz zu schweigen von der Seele, werden außen vor gelassen, weil deren Wahrnehmung subjektiv ist, sich nicht überprüfen lässt, im Gegensatz zu den im Röntgenbild sichtbaren Knochen des Skeletts.

Ich hatte nicht die Absicht, einen Reiseführer über Polen zu schreiben. Das Angebot ist groß und gut. Trotzdem habe ich mich aufgemacht, ein Bild zu zeichnen von diesem Land, das mir in vielen Jahren zu einem guten Freund geworden ist, mich fast ständig begleitet und von dem ich weniger seine Biographie als seinen Charakter schätzen gelernt habe. Ich habe mich aufgemacht, jene Stellen und Orte des Landes zu suchen, an welchen mir dieser Charakter am stärksten entgegentrat, ich seine Seele am tiefsten empfand, bin losgezogen, um jene Orte zu beschreiben und zu fotografieren, von denen ich sagen würde: *So ist er, mein Freund. Das macht ihn aus.*

Ich habe mich von der Subjektivität meiner Wahrnehmung leiten lassen. Manche Orte, die im Reiseführer drei Sternchen bekommen, finden bei mir keine Erwähnung. Andere wiederum, die selbst in ausführlichen Darstellungen übergangen werden, haben mich angesprochen, mich bewegt, mir etwas über das Land und seine Menschen erzählt, das nur diese Orte mir erzählen konnten. Und ich habe sie aufgenommen, weil sie kleinen, unauffälligen Gesten gleichen, hinter welchen sich doch so viel verbirgt.

Am Ende steht ein Bild, gemalt mit den ausgewählten Farben eines wohlwollenden Betrachters, der keinen Anspruch erhebt, Recht zu haben. Dieses große Bild aus kleinen Miniaturen lässt immer wieder Freiräume, die zu kolorieren dem Lesenden selber überlassen bleibt, am besten, indem er sich aufmacht, das Land selbst zu erkunden. Manchmal ist einem der Freund eines Freundes sympathisch. Manchmal nicht. Es bleibt letztlich eine Frage des Vertrauens. Zwischen Autor und Leser. Zwischen den Menschen zweier Kulturen, die sich nahe stehen und doch fremder sind als nötig.

Promenade an der Mottlau

Fast alle Straßen in Danzig führen an diesen Ort. Die Baumeister der Stadt wussten um die Bedeutung des Hafens, verzichteten deshalb auf einen zentralen Markt und ließen den breiten Straßen der Rechtstadt ihren Lauf Richtung Fluss. Als hätten sie sich selbst den Weg suchen dürfen, hierher ans Ufer der Mottlau, wo Menschen, Schiffe und Wasser sich an der Langen Brücke, der Danziger Uferpromenade, zu einem gemeinsamen Strom vereinen, der nie still steht. Selbst die Sprachen der Touristen scheinen sich mir auf einen gemeinsamen Fluss zu verständigen, der gleichmäßig die Geschäfte und Souvenirstände an der Promenade umspült. Und im Hintergrund nippt die Mottlau an der Uferbefestigung, schleckt seit Jahrhunderten die Steinmauern glatt, die ihr das Bett weisen. Auch sie hat sich dem Streit um den nationalen Charakter dieser Stadt längst entzogen, hält unbeachtet von den Jahrhunderte andauernden Kämpfen um die Stadt ihr Blau dem Gemisch aus Weiß-Rot-Schwarz-Rot-Gold entgegen. „Wie macht die Ostsee? - Blubb, piff, pschsch / Auf deutsch, auf polnisch; Blubb, piff, pschsch...“, schrieb Günter Grass in seinem Gedicht „Kleckerburg“. Und hier, an der Promenade in Danzig, ist diese Gelassenheit des Wassers deutlich zu spüren.

Ich betrete die Uferpromenade durch das Grüne Tor, das einst den Schlusspunkt setzte für den Zug der Könige durch die Stadt. Einem Palast ähnelnd, verbindet es den Langen Markt mit dem Fluss und es bleibt mir unerklärlich, warum die Könige dieses eigens für sie erbaute Hotel kaum für Übernachtungen in der Stadt nutzten. Sei's drum. Hinter diesem Tor fühle ich mich frei, entlassen von den fassadenlastigen Bauten der Stadt in die Freiheit des Flusses, von dem schon der salzige Duft der Ostsee ausgeht und der geduldig die zahlreichen Ausflugsschiffe nach Zoppot oder zur Westerplatte trägt. Die Schüsse von einst sind längst verklungen, werden übertönt von der Musik aus den Cafés und Restaurants, die sich auf der Promenade fast lückenlos aneinanderreihen. Dazwischen werben die glitzernden Auslagen der Bernsteingeschäfte mit mehrsprachigen Reklameschildern um die Gunst der Kunden, die wie Ameisen von einem Türloch ins nächste wuseln. In symbiotischer Beziehung mit den Geschäften und Restaurants stehen die Schilder der Wechselstuben, die den Tausch von Papierscheinen in das Gold der Ostsee für die Touristen erst möglich machen. Złoty, Rubel, Euro und Dollar tauschen widerstandslos ihre Identität in Ringe, Ketten und Anhänger. Ob sie dabei an Wert verlieren oder gewinnen, sei dahingestellt.

Wenige Meter vor mir trägt ein asiatisch aussehender Tourist ein kleines Wasserglas mit sich herum. Ich folge ihm in einen der Bernsteinläden und kann mir nur schwer das Lachen verkneifen, als er die von ihm gekaufte Ware noch im Geschäft einem Schwimmtest unterzieht. Echter Bernstein ist schwerer als Süßwasser, billige Imitate bleiben an der Oberfläche. Ich weiß nicht, wie zuverlässig dieser Test ist, doch der Kunde ist mit dem Ausgang seines Experimentes anscheinend zufrieden und zieht weiter. Mit dem Wasserglas und einem Bernsteingoldfisch.

Von der Brücke aus, die zur Speicherinsel des alten Hafens führt, öffnet sich mir der Blick auf alle Tore der Rechtstadt, die auf die Promenade führen. Die Kulisse erinnert mich an einen lebendigen Organismus, in dem die Tore Atemwege freigeben für die frische

Luft am Wasser, mit der das Innere der Stadt versorgt wird. Das Herzstück des Organismus bildet die gewaltige Holzkonstruktion des Krantors, das im Mittelalter dem Be- und Entladen der Schiffe sowie dem Aufstellen der Segelmasten diente. In seinem Innern stoße ich noch auf die riesigen hölzernen Antriebsräder, in welchen Sträflinge, Hamstern gleich, den Kranmechanismus am Laufen hielten. Was einst qualvolle Schwerstarbeit gewesen sein muss, verlockt mich nun insgeheim, selbst ein paar Runden in so einem Rad zurückzulegen. Doch die Stadt hat sich längst losgerissen von diesem Mechanismus, sich freigeschwommen von der einstigen Abhängigkeit vom Hafenhandel, und kann es sich nun leisten, im Krantor ein Museum für Meereskunde unterzubringen. So ändern sich die Zeiten, und ich bin froh darüber, dass diese Holzräder nun stillstehen für die Kameras der Touristen.

Etwas weiter gibt mir ein Torbogen den Blick frei in die Heilig-Geist-Gasse, in der am 22. Februar 1788 der Philosoph Arthur Schopenhauer geboren wurde. Auf dem Giebel des Hauses, in dem einst seine Mutter wohnte, sitzt heute eine Schildkröte und überwacht das Treiben in den Straßen. Als Teile Danzigs bereits nach der 1. Teilung Polens von Preußen annektiert wurden, waren die Einwohner keineswegs begeistert davon. Sie lebten gut unter den Privilegien des polnischen Königs, und so reagierte auch die Familie von Schopenhauer, die Danzig kurz nach der Einnahme durch Preußen verließ, bestürzt über die neue Entwicklung: „Ein großes Unglück ist geschehen. Der Preuß ist über Nacht gekommen!“, beschreibt Johanna Schopenhauer die Reaktion ihres Kindermädchens. Wenn ich heute über die Promenade spaziere, habe ich den Eindruck, dass die Frage nach der nationalen Zugehörigkeit der Stadt in den Hintergrund gerückt ist. Die nationalen Farben Danzigs sind im Laufe der

Jahrhunderte zu einer Mischfarbe mutiert, und heute strahlt die Stadt so schön, dass niemand mehr nach deren Herkunft fragt.

In einem Café unweit des Heilig-Geist-Tores bietet sich mir die Gelegenheit, das berühmte Danziger Goldwasser zu probieren. Ursprünglich wurde dieser Gewürzlikör, dessen Tradition sich bis ins 16. Jahrhundert zurückverfolgen lässt, von der Danziger Likörfabrik *Der Lachs zu Danzig* hergestellt. In einem Buch habe ich gelesen, dass der Likör womöglich durch Zufall entstand, als man die Pinsel von Goldlackarbeiten in Alkohol reinigte. Diese Vorstellung lässt mich zögern, das Glas zu leeren, doch die Süße des Geschmacks siegt über meine Einbildungskraft und ich ertappe mich dabei, mich nach dem Genuss der Goldblättchen einen Augenblick wertvoller zu fühlen …

Mit dem Gold im Magen setze ich meinen Weg fort auf der Promenade und kehre zurück zum Langen Markt. Durch das Frauentor leuchten mir die Vitrinen der Bernsteinläden in der Frauengasse entgegen. Die Beischläge dieser Gasse wurden nach dem Krieg so eindrucksvoll rekonstruiert, dass man sich kurzerhand entschloss, sie als Lübecker Kulisse in der Verfilmung der „Buddenbrooks“ auszugeben. Was spielt es schon für eine Rolle, welchen Namen ein solcher Ort trägt und zu welcher Kulisse er dient. Diese Gasse ruht in sich selbst und vermittelt den Eindruck, über die Jahrhunderte eine Gleichgültigkeit gegenüber ihren Besitzern und deren Namensgebungen entwickelt zu haben.

In den Auslagen der Geschäfte auf der Promenade stoße ich immer wieder auf in Bernstein eingeschlossene Fliegen und Käfer. Mich fasziniert dieser Anblick und die Suche nach der Antwort auf die

Frage, wie lange sie wohl schon so im Harz ruhen. Ich versuche mir vorzustellen, wie die Umgebung damals aussah, als diese Tierchen noch flogen und krabbelten, bevor die Masse ihren Körper verschlang und verewigte. Einen solchen Schmuck tragen könnte ich nicht. Die Auseinandersetzung mit dem Tierchen an mir nähme kein Ende.

Mittlerweile ist es Abend geworden. Ich stehe wieder auf der Brücke zur Speicherinsel und betrachte das Spiegelbild des Mondes in der Mottlau. Das Braun des Krantores hat sich in der Dämmerung in Schwarz gewandelt, und die Konturen der Häuser auf der Promenade lösen sich mehr und mehr auf, als ob sie allmählich ineinander übergingen, sich nächtens umarmten. Einen solchen Moment in Worte zu fassen gehört sich nicht. Die Romantik ist geblieben, doch die Sprache versagt ihr heutzutage den Dienst. Kein Wunder also, dass mir Eichendorff einfällt und eine Strophe jenes Gedichtes, in dem er die Stadt einst in Verse gefasst hat: „Träumerisch der Mond drauf scheinet / Dem die Stadt gar wohl gefällt / Als läge zauberhaft versteinet / Drunten eine Märchenwelt“. Hier, an einem Sommerabend auf der Brücke über die Mottlau, erwachen diese Verse zu neuem Leben. Und die Silhouette der Uferpromenade stört sich nicht an der Sprachwahl. Im Gegenteil. Sie entspricht ihr.

Danzig

Drei Kreuze für die Toten. Das Denkmal der Solidarność

„Golgatha", schießt es mir durch den Kopf, als ich auf den Solidarność-Platz hinaustrete und einem riesigen Denkmal aus drei miteinander verbundenen Kreuzen gegenüberstehe. Im ersten Augenblick schäme ich mich für diese Assoziation. Sie scheint mir billig, überhastet und unreflektiert. Die Kreuze hier sind aus Stahl, nicht aus Holz, mit 42 Metern Höhe bei weitem höher als die bei der Kreuzigung vor 2000 Jahren und an ihren Balken hängen drei Anker, keine Menschen.

Und trotzdem. Golgatha geht mir nicht aus dem Kopf.

Hinter dem Denkmal erhebt sich in großen Lettern die Aufschrift „Stocznia Gdańska", darunter führt ein Tor auf das Werftgelände. Hier entstand für viele Polen die Keimzelle des heutigen Europas. Die Bilder aus dem Fernsehen steigen vor mir auf. Lech Wałęsa, die Hand zum Siegeszeichen erhoben, auf den Schultern der Massen sitzend. 10 Millionen Menschen, die sich seiner „sich selbst beschränkenden Revolution" angeschlossen hatten. Hier fing alles an, als er am 14. August 1980 trotz Verbot den Sprung über das Tor auf das Werftgelände wagte und sich zum Anführer der Solidarność-Bewegung emporschwang. Ohne die Solidarność kein Ende der Sowjetunion, sagen die Polen. Und kein Fall der Mauer, fügen sie hinzu, wenn sie mit Deutschen sprechen. Manchmal habe ich den Eindruck, sie fühlen sich von der Geschichtsschreibung übergangen, in den Hintergrund gedrängt, während Gorbatschow und „Glasnost“ sichtbare Spuren hinterlassen haben im kollektiven Weltbewusstsein. Die Solidarność hingegen findet sich nicht selten nur in einer Fußnote wieder.

Die Errichtung des Denkmals war eine der 21 Forderungen, welche die Gewerkschaft im Spätsommer 1980 mit ihrem Streik durchsetzte. Mit ihm sollte jener Opfer gedacht werden, die bei der Niederschlagung der Arbeiterdemonstrationen im Herbst 1970 in Danzig, Gdingen und Stettin zu Tode gekommen waren. Drei Kreuze für die ersten drei Toten. Im Gründungsakt des Denkmals hieß es damals: „Den Ermordeten – als Zeichen des ewigen Gedenkens. Den Regierungen – als Zeichen der Ermahnung, dass kein gesellschaftlicher Konflikt im Vaterland mit Gewalt gelöst werden kann. Den Mitbürgern – als Zeichen der Hoffnung, dass das Schlechte überwunden werden kann. Die Errichtung des Denkmals war eine Pflicht jener, die übrig geblieben sind, für jene, die noch kommen.“ Und wieder klingt es nach Jesus. Die Anker als Symbol der Rettung. Jeder für sich zwei Tonnen schwer. Vielleicht stehen sie auch für Glaube, Liebe und Hoffnung. Glaube an das Heimatland. Liebe zum Heimatland. Hoffnung auf Wiedererlangung der Unabhängigkeit. Die Arbeiter sollten damals nicht umsonst gestorben sein. Nicht umsonst gekämpft haben. Nicht 1956, nicht 1970, nicht 1976. Das Denkmal sollte den Sinn ihres Sterbens weitertragen. *Der Herr gibt seinem Volk Kraft. Der Herr gibt seinem Volk den Segen des Friedens*, lese ich in großen Lettern auf einer Wand hinter dem Denkmal. Daneben: ein Bild von Johannes Paul II. Noch immer weigere ich mich, den Gedanken an Golgatha zu Ende zu bringen. Schäme mich lieber wieder, widme mich den Zeilen von Czesław Miłosz, die an einem der Kreuze angebracht sind:

Der Dichter erinnert sich

Der du dem einfachen Menschen Unrecht getan
und über sein Unrecht lauthals gelacht hast,
sei dir nicht so sicher. Der Dichter erinnert sich.
Du kannst ihn töten – es wird ein neuer geboren.
Reden und Taten werden festgehalten.

Das Denkmal hat alles festgehalten. Was war. Und was danach kam. Die Arbeiter aus der Werft sind mit der Errichtung des Denkmals in die Rolle von Künstlern geschlüpft. Haben ein Denkmal geschaffen, das eines der wenigen ist, welches schon vor den eigentlichen Ereignissen errichtet wurde, an die es erinnert. Damals, im Dezember 1980, wusste noch niemand etwas von der bevorstehenden Ausrufung des Kriegsrechts ein Jahr später. Von der Inhaftierung von über 5000 Solidarność-Anhängern und dem Verbot der Gewerkschaft. Und niemand wusste davon, dass die Kontrahenten fast zehn Jahre später wieder gemeinsam an einem Tisch sitzen würden, um im Angesicht des Denkmals die neue Republik zu verkünden.

Wenn ich heute das Denkmal betrachte, denke ich weniger an 1970, sondern an 1981 oder die Zeit danach. Denke an die Demonstrationen, die Panzer, die große Brille Jaruzelskis bei der Verkündigung des Kriegsrechts im Fernsehen. Doch während der Inhalt des Denkmals seiner Aufgabe gerecht wird, irritiert mich die Form. Die Emotionen seiner Entstehung scheinen mir über die Ansprüche der Kunst gesiegt zu haben, die Poetik der Werftarbeiter muss eine einfache gewesen sein. Je länger ich das Denkmal betrachte, umso gewisser ziehe ich den Schluss, doch an Golgatha denken zu dürfen. An Jesus, der durch seinen Tod am Kreuz sein Volk von den Leiden befreite. Der mit der Hingabe seines Lebens das Böse besiegte und die Hoffnung der Menschen auf ein Leben nach dem Tod weckte. Poesie kann so einfach sein. Miłosz schreibt nichts davon, in welcher Form der Dichter die Reden und Taten des Bösen festzuhalten hat. Schreibt nicht vor, wie die Arbeiter das Denkmal zu errichten hatten. Und so erfüllt es seinen Zweck. Auf die Art der Polen. Mit Kreuzen, Ankern, der Botschaft des Messianismus. Wie sähe es aus, wenn ich niederkniete vor diesem Denkmal, ein Gebet spräche? Ich käme mir lächerlich vor. Und noch während ich diesem Gedanken nachgehe, tritt ein Mann mit Blumen vor das Denkmal und kniet nieder zum Gebet. So einfach ist das. Und keiner lacht. Ich auch nicht. Doch meinem inneren Bedürfnis, es ihm gleichzutun, gebe ich nicht nach. Diszipliniere mich, spreche mein Gebet unauffällig im Stehen, während ich den Polen für seine Leidensfähigkeit auf dem kalten Stein bewundere.

Obwohl der Arbeitstag in Danzig zu Ende geht, bleibt es ruhig um das Denkmal. Aus dem Tor der Werft tröpfeln nur vereinzelt Arbeiter. Die meisten von ihnen sind schon älter, dürften mitgearbeitet haben am Fundament des Denkmals, an den Zeilen dieses Gedichts. Der Großteil der einstmals mehr als 9000 Schweißer, Dreher und Kranführer ist dem neuen Europa zum Opfer gefallen. Musste gehen, weil die Werft unrentabel geworden ist, die Konkurrenz im Ausland zu groß. In gewisser Weise haben sie sich selber abgeschafft durch ihre Revolution. So hatten sie sich das sicher nicht vorgestellt. Wie müssen sie sich gefühlt haben am Tag ihrer Entlassung, als sie an den drei Kreuzen vorbei in die Arbeitslosigkeit zogen? Die Welle der „Solidarität“ hat sie an Land gespült, bevor die Bewegung selber verebbte, sich zurückzog aus der Politik und zu dem wurde, als was sie ursprünglich gegründet wurde: eine Gewerkschaft. Ich frage mich, ob die Arbeiter beim Verlassen der Werft an die Anker geglaubt haben oder ob die Symbolik zu schwach war, die Realität zu ertragen. Geblieben ist allein der Mythos der Bewegung – und das Siegeslächeln Wałęsas vor dem kleinen Muscum neben der Werft. Sein Schnurrbart ist längst grau geworden, und das Lächeln erinnert mehr an Reklame als an einen Sieg. „Weg zur Freiheit“ heißt die Ausstellung, und für die Entlassenen muss der Titel wie Hohn geklungen haben.

Auf dem Werftgelände wird in Zukunft auf andere Weise Umsatz gemacht. Hotels, Büros und Restaurants sollen sich im Fluss spiegeln, Geschäfte und Cafés an die Stelle der Kräne treten. „Die ‚Wiege der Solidarität‘ wird bald in Latte Macchiato schaukeln“, habe ich in einer Zeitung gelesen. Und für einen Moment sehe ich das Denkmal als Kettenkarussell vor mir. Nein, so weit wird es nicht kommen. Gott bewahre.

Malbork

Im Visier der Ritter. Die Marienburg

Über eine kleine Brücke erreiche ich die andere Seite der Nogat. Der Fluss fühlt sich sichtbar wohl in seiner Rolle als kleiner Nebenarm der großen Weichsel. Ihn treibt keine Eile, kein Zug zum Meer. Und er weiß um den Schatz, der Touristen aus aller Welt an sein Ufer zieht. Der Anblick, der sich mir von hier aus über das Wasser hinweg auf die gewaltige Marienburg bietet, ist tatsächlich überwältigend. Nur ein paar Fotografen haben sich hierher verirrt, um das Spiegelbild der Burg im Bild festzuhalten. Für mich gehört dieser Platz zu den schönsten in Polen. Er vereint auf eindrucksvolle Weise Natur und Geschichte, spiegelt im wahrsten Sinne des Wortes die deutsche und polnische Vergangenheit der Burg wider. Die Vergangenheit im Wasser, die Gegenwart hoch erhoben über dem Ufer.

Ich muss an meine Kinderzeit denken, als ich in meinem Zimmer eine große Plastikburg aufstellte und mit Rittern bestückte, um diese dann aus einiger Entfernung mit Winnetous Silberbüchse und einigen Gummipfeilen abzuschießen. Ich erinnere mich daran, weil sich die Ritterburg in meinem Zimmer ebenso ansatzlos vom Teppich zur Zimmerdecke emporhob wie diese Burg hier vom flachen Ufer aus zum Himmel. Henryk Sienkiewiczs berühmter Roman „Die Kreuzritter“ kommt mir in den Sinn, insbesondere jene Stelle, als der Hochmeister des Deutschen Ordens, Konrad von Jungingen, stolz die Burg einem polnischen Gast präsentierte und diesen fragte: „Herr, Ihr versteht Euch doch vortrefflich auf Befestigungsbauten; was haltet Ihr von diesem Bauwerk?“ – „Die Feste scheint mir uneinnehmbar“, erwiderte der polnische Ritter in dem Roman und fügte hinzu: „Aber jede Festung kann ihren Herren wechseln“.

Tatsächlich wurde die Burg seit ihrer Erbauung Ende des 13. Jahrhunderts nie erobert. Die Herrscher dagegen wechselten häufig. Nach dem Niedergang des Ordens musste dieser die Burg als Pfand für ausstehende Gehälter an die Söldner abtreten, welche sie umgehend an den polnischen König weiterverkauften. Auch so können Burgen also erobert werden, obwohl sich das Fließen von Geld in der Geschichte weitaus weniger spektakulär niederschlägt als das Fließen von Blut. Wie dem auch sei, ganz unbeschadet hat die Burg den Wechsel zwischen deutschen und polnischen Herrschern jedenfalls nicht überstanden. Kriege, Plünderungen und ständige Um- und Anbauten haben ihre Spuren hinterlassen. Die Marienkirche in der Burg wurde bis heute nicht restauriert, sondern zeugt als Mahnmal von den einstigen Zerstörungen. Sie öffnet mir erst den Blick auf die Leistung der Restaurateure beim Rest der Burg.

Die gewaltigen Backsteinmauern der Burg vor Augen wird mir klar, warum der Deutsche Orden die Schlacht bei Tannenberg zwar verlor, dem polnisch-litauischen Heer unter König Jagiełło die Eroberung der Burg aber verwehrt blieb. Drei Mauergürtel hätten die Angreifer stürmen müssen, um die Burg einzunehmen. Vierzehn Tore mussten selbst Besucher durchschreiten, um ins Zentrum der Anlage zu gelangen. Im Großen Remtersaal des berühmten Hochmeisterpalastes zeigt mir die Gästeführerin eine steinerne Kugel, die über dem Kamin eingemauert ist. Angeblich zielte ein Kanonier einst auf die einzige tragende Säule des Saals, um durch dessen Einsturz alle dort versammelten Ritter umzubringen. Ein Akt der Verzweiflung – oder eine originelle Geschichte. Die Kugel jedenfalls verfehlte ihr Ziel und führt nun auf eindrucksvolle Weise den Besuchern die tragende Rolle der Säule vor Augen.

Im Vorhof der Burg treten mir vier lebensgroße, in Bronze gegossene Hochmeister entgegen. Es freut mich, dass diese Ritter, deren Burg einst für den von Polen gehassten deutschen „Drang nach Osten“ stand, heute ihre Rüstungen wieder öffentlich zur Schau stellen dürfen. Doch die ehemaligen Hausherren wirken auf ihren kleinen Sockeln verloren, abgestellt, auf irgendetwas wartend. Die Gästeführerin erklärt mir, dass die vier Hochmeister früher einmal die vier Seiten des Sockels für ein Denkmal Friedrichs des Großen zierten. Letzterer hat sich irgendwie aus dem Staub gemacht, die Sockelfiguren sind geblieben. Vor allem die Kinder haben ihre Freude an den lebensgroßen Hochmeistern, die, in Bronze erstarrt, jeder für sich die wichtigsten Ereignisse aus der Geschichte der Burg erzählen. Während Hermann von Salza 1226 von Venedig aus den Auftrag gab, dem Ruf Konrads von Masowien zu folgen und den Polen bei der Christianisierung der Prußen zu Hilfe zu eilen, verlegte Siegfried von Feuchtwangen den Sitz des Ordens im Jahre 1309 von Venedig auf die Marienburg. Hochmeister Winrich von Kniprode begleitete den Orden durch seine Blütezeit, bis schließlich der vierte dargestellte Hochmeister, Albrecht von Brandenburg-Ansbach, den geistlichen Orden in ein weltliches Herzogtum umwandelte. Das war’s. Burggeschichte im Schnelldurchlauf. Doch die nüchternen Daten täuschen über das eigentliche Schicksal des Bauwerks hinweg. Dicke Mauern schützten sie zwar vor Besatzern, aber nicht vor dem Verfall. Als sie im Jahr 1772 an Preußen fiel, erwog man sogar, ihre Ziegel abzutragen, um damit eine Kaserne zu bauen. Doch in der Romantik erlebte das Mittelalter eine Renaissance und damit geriet auch die Burg wieder ins Zentrum des Interesses. Man beschloss die Restauration des Bauwerks, das auch den Dichter Joseph Freiherr von Eichendorff, der bei dem Vorhaben mit Verwaltungsaufgaben betraut wurde, in seinen Bann zog. „Tief aus dem Boden, von den übermächtigen Kellern, die wie der gebändigte Erdgeist sich unwillig beugend das Ganze tragen, erhebt sich der kühne Bau, Pfeiler auf Pfeiler, durch vier Geschosse, wie ein Münster, immer höher, leichter, schlanker, luftiger bis in die lichten Sterngewölbe des obern Prachtgeschosses hinein, die das ganze mehr überschweben, als bedecken“, notierte er später in seiner Schrift über die „Wiederherstellung des Schlosses der deutschen Ordensritter zu Marienburg“. Dabei muss ich an die Ruine seines elterlichen Schlosses in Lubowitz denken, von dem heute nur noch die Grundmauern eines Seitenflügels stehen. Wie das Schloss fiel auch die Marienburg den Bomben des Zweiten Weltkriegs zum Opfer. Über 50 Prozent der Burganlage wurden dabei zerstört. Ob Hochmeister Siegfried von Feuchtwangen in diesem Krieg oder schon vorher seine rechte Hand verloren hat, kann ich jedoch nicht klären. Spielt auch keine Rolle. Jedenfalls bringt die abgeschlagene Hand die spielenden Kinder zum Nachdenken und erfüllt somit ihren Zweck.

Dass ausgerechnet die Polen die Burg in den vergangenen Jahrzehnten so vorbildlich restaurierten, gleicht einem ironischen Winkelzug der Geschichte. Jener Burg, deren Zerstörung den polnisch-litauischen Truppen im Mittelalter noch vorenthalten blieb und die später als verhasstes Sinnbild deutschen Drangs nach Osten wahrgenommen wurde, gaben nun ausgerechnet polnische Restaurateure ihr altes Antlitz zurück. Eine Operation, die 1997 mit der Aufnahme der Burg ins Weltkulturerbe der UNESCO belohnt wurde.

Zugegeben, die Besichtigung der zahllosen Räumlichkeiten der Burg ist kein Spaziergang. Der Weg führt mich vom Vorhof ins Mittelschloss und weiter ins Hochschloss, das den ältesten Teil der Anlage bildet. Neben den Wohnräumen gewährt mir meine Gästeführerin sogar Einblicke in die ehemaligen Schlaf- und Baderäume des Großkomturs. Das Fenster eines hohen Turms, der durch einen 60 Meter langen Gang mit dem Schloss verbunden ist, erklärt sie mir als Toilette, aus der nicht nur Fäkalien in die Tiefe stürzten, sondern auch ungeliebte Gäste. Ich muss schmunzeln, als ich wenige Minuten später vor dem Großen Banner des Hochmeisters stehe, in dessen Mitte ein Schwarzes Kreuz prangt. Im Angesicht dieser fragwürdigen Toilette hätte ich fast vergessen, dass der Orden das Kreuz Jesu im Wappen trug und Maria als Ordenspatronin führte. Doch meine wunden Füße lassen mich über Widersprüche dieser Art nicht mehr stolpern, sie schlurfen darüber hinweg. Ich frage mich, wie die Ritter damals diese weiten Strecken im Innern des Schlosses zurücklegen konnten, und hoffe für sie, dass sie ihre Rüstungen ausschließlich außerhalb der Burg tragen mussten.

Erschöpft und völlig überladen mit Zahlen und Fakten kehre ich wieder ans andere Ufer der Nogat zurück. Am liebsten würde ich alles Gehörte und Gelernte in ein Papierschiffchen setzen und den kleinen Strom hinabfahren lassen, der es aufs Meer hinausträgt. Dann wäre mir leichter ums Herz, und die Burg wäre lediglich ein wunderschönes Bild, das ich im Sonnenuntergang bestaunen könnte. Doch die Geschichte lässt sich nicht so einfach abschütteln. So ertrage ich ihre Gesellschaft und gemeinsam geben wir uns dem abendlichen Naturschauspiel hin.

TABEX SA 5

Masuren

An unbekannten Ufern

Schon früh am Morgen habe ich mir an einer kleinen Verleihstation in Nikolaiken ein Fahrrad gemietet und bin losgezogen. Ohne Karte, ohne konkretes Ziel, bin einfach losgefahren, aus der Stadt hinaus dem Himmel entgegen, und so oft von der Straße abgebogen, bis auch der letzte Weg sich schließlich weigerte, mit einer weiteren Abzweigung herauszurücken. Unterwegs habe ich kleine Dörfer passiert, Brücken überquert, schmale Kanäle und Flussläufe begleitet, bis Land und Wasser sich wieder trennten.

An einer Wiese habe ich angehalten, mein Fahrrad neben eine Bank gestellt und mich hingesetzt, um einen Storch zu beobachten, der mit langen roten Beinen majestätisch über das Gras stakste und ab und zu mit seinem langen Schnabel in die Erde pickte. Ich kann mich nicht erinnern, wann ich zum letzten Mal einen Storch gesehen habe. Vielleicht auf einer Entbindungsstation, als Stoffdouble, oder in einem Zoo an einem künstlichen Teich. Obwohl ich wusste, dass es in Masuren noch viele Störche gibt, hielt ich das bis zu meiner Ankunft hier für ein Stereotyp, dem ich in der Realität vielleicht nicht begegnen würde, so, wie man in Amerika selten einem Grizzly begegnet oder in Schweden einem Elch. Umso andächtiger habe ich mich dem Storch auf der Wiese zugewandt, jede seiner Bewegungen genauestens verfolgt, bis er schließlich mit schnellen Schritten loslief, seine weiten Flügel spreizte und in den Himmel abhob. Kein Tierfilmer hätte sich eine schönere Sequenz wünschen können. Und als der Storch sich als kleiner Punkt schließlich im endlosen Blau des Himmels verabschiedet hatte, radelte auch ich so lange weiter, bis der Weg seine Hoffnung aufgab, mich einem konkreten Ziel zuführen zu können, und mich hinter einem Waldstück am Ufer eines riesigen Sees absetzte.

Nun blicke ich auf eine einzige blaue Masse, zusammengesetzt aus Himmel und See, getrennt allein durch einen schmalen grünen Baumstreifen am Horizont. Dazwischen funkeln dutzende weißer Segel im Sonnenlicht, winken mir zu wie vom Wind beseelte Taschentücher. Es interessiert mich nicht, wie dieser See heißt, wo genau er in Masuren auf der Karte zu finden ist, oder welche Tiefe er hat. Allein das Gefühl zu wissen, dass ich mich an einem Ufer inmitten einer mehr als 3000 Seen umfassenden Landschaft befinde, die sich auf über 1500 Quadratkilometern um mich herum erstreckt, lässt mich in Verzückung geraten, mich gleichsam schwerelos dem Alltag entheben, indem ich mich am Ufer niederlege und die Augen schließe. Fisch müsste man jetzt sein, das Fahrrad hier stehen lassen können und ohne jede weitere Verpflichtung eintauchen dürfen in den See, um sich über hunderte von Kanälen unter Wasser in dem einzigartigen Netzwerk der Natur zu verlieren. Freilich, auch als Fisch hieße es aufzupassen, die Fallen der Angler zu umgehen, den Netzen der Fischer auszuweichen und ja nicht in den Sog der zahllosen Schiffsschrauben der Motorboote zu geraten. Aber ab und zu würde ich auftauchen neben einem der Tretboote, die Kindergesichter durch meinen Anblick in Verzückung versetzen, und vielleicht den einen oder anderen Sprung vorführen. Doch ich bin kein Fisch, und als meine nackten Füße das kalte Wasser zu spüren bekommen, vergehen mir vorerst auch die menschlichen Gelüste nach einer Spritztour in Blau. Es ist Juni, und obwohl die Sonne die Landschaft schon in ihr Herz geschlossen hat, widersetzt sich das Wasser der Wärme noch erfolgreich.

Ich trage eine Postkarte bei mir, die auf verschiedenen Miniaturbildern verzweifelt versucht, im Rahmen ihrer Möglichkeiten ein Bild dieser Gegend zu vermitteln. Doch das kleine Format scheitert an der Größe der Aufgabe. Und wie selten gibt mir die Natur an diesem Beispiel zu verstehen, wie sehr sie es hasst, in Form von Postkarten verschickt zu werden. Doch auch die Sprache scheitert an dieser Aufgabe. Was schreibt man über diesen anonymen Ort hier am Ufer eines Sees mitten in der masurischen Seenplatte? Jeder zusammenhängende Satz transportiert schon zu viel Enge. Die frische Luft fordert Ellipsen, der Geruch des Waldes und des Wassers bedarf Wortneuschöpfungen, die Endlosigkeit der Landschaft lässt sich in Grammatik nicht fassen. Diesen Ort zu beschreiben ist vielleicht möglich, doch das Ergebnis muss zwangsläufig einem Spiegel aus Holz gleichen. Also lasse ich es, adressiere die Karte an meinen Bruder auf einem Baumstumpf und schreibe ihm, dass die einzige Möglichkeit, meine Begeisterung über diesen Ort mit ihm zu teilen, die sei, gemeinsam hierherzukommen. Und zufrieden mit dem Ergebnis beende ich meinen Aufenthalt hier mit einem ängstlichen Blick auf die Uhr, deren fortgeschrittene Zeiger mich endgültig in die Gegenwart zurückholen.

Es ist bereits später Nachmittag. Auf meiner Rückfahrt nach Nikolaiken begleiten Hundertschaften von Mücken meinen Weg. Guerillakriegern gleich attackieren sie mich in plötzlich auftretenden Schwärmen. Nur mühsam gelingt es mir, die von freiheitlichem Entdeckungswahn geprägte Hinfahrt nun mittels Erinnerung zu rekonstruieren. Sowohl die Mücken als auch die nahende Dunkelheit lassen mich eindrucksvoll spüren, dass die Natur an sich keineswegs gewillt ist, dem Menschen hier ausschließlich als Hintergrundkulisse für Vergnügungsfahrten zu dienen. Sie begreift sich vielmehr als Gegenspieler, der den menschlichen Gesetzen seine eigenen entgegenhält, die sich jeder Berechnung entziehen. Ich hätte es kaum für möglich gehalten, dass die Sonne so schnell ihr Licht der Dunkelheit preisgibt und der sommerliche Geruch der Luft sich innerhalb von Minuten von dicken Regentropfen fortspülen lässt. Ich suche Zuflucht in einer kleinen Kirche, deren Eingangsportal mich mit einer deutschen Inschrift überrascht: *Eine feste Burg ist unser Gott.* Im Gegensatz zu Oberschlesien haben sich die Polen nach dem Krieg hier weniger Mühe gegeben, alle Spuren der deutschen Vorkriegszeit zu beseitigen. Zu abgelegen waren die Dörfer, zu verstreut die Häuser und Gehöfte, als dass es sich gelohnt hätte, mit speziellen Trupps die Gegend nach Resten deutscher Schriftzeichen zu durchkämmen. Als der Regen eine Pause macht, breche ich auf, die Dunkelheit treibt mich zur Eile, lässt mir keine Zeit, mich weiter in die Vergangenheit dieser Region zurückzuversetzen. Die Straße erfordert meine ganze Aufmerksamkeit, denn unter jeder Pfütze könnte sich eines jener tiefen Löcher verbergen, über die ich mich auf der Hinfahrt im Sonnenschein noch lustig gemacht habe. Mein Ausflug als Fisch fällt mir wieder ein, die Fallen der Angler und Fischer, die mir zum Verhängnis hätten werden können. Vielleicht haben Mensch und Fisch in den Masuren mehr gemeinsam als anderswo. Ganz zu schweigen davon, dass die schon bald wieder einsetzenden Regenfluten mich daran erinnern, dass mir die Kiemen fehlen, um meine Radtour endlos fortsetzen zu können. Und so bin ich froh, als ich in der Ferne endlich die Lichter von Nikolaiken zu erspähen glaube, die Trockenheit und Wärme verheißen. Doch sicher bin ich mir nicht. Denn die Seen, Wege und Orte legen in den Masuren keinen Wert auf Erkennungsmerkmale. Ihre Faszination liegt in dem Netz, das sie gemeinsam bilden. Ein Netz, das den Besucher fasziniert. Ihn aber manchmal auch einfängt.

Masuren

Monster aus Beton. Die Wolfschanze

Während ich den Busfahrplan in Nikolaiken studiere, bedauere ich zum ersten Mal, nicht mit dem eigenen Auto nach Masuren angereist zu sein. Um zur etwa 40 Kilometer entfernten Wolfschanze zu gelangen, müsste ich mit dem Bus zwei Mal umsteigen, und der Anschluss ist ungewiss. Also rufe ich ein Taxi und stelle fest, dass der Preis für den Ausflug nur wenig teurer ist als die Miete für ein Auto. Mein Fahrer, der um die 60 Jahre alt sein dürfte, stellt sich mir als Piotr vor und spricht ein gebrochenes, aber dennoch gut verständliches Deutsch. „Deutsche Sprache war verboten nach Krieg, darum sprechen ich so schlecht!“, sagt er und lacht. Bevor ich nachfragen kann, kracht unser Auto schon in ein Schlagloch, das nicht das letzte auf unserer Fahrt sein sollte. Schon bald bin ich froh, nicht mit dem eigenen Auto unterwegs zu sein. Piotr erzählt, dass es für die nach dem Krieg in Masuren gebliebenen Familien ein hohes Risiko bedeutete, Deutsch zu sprechen, weshalb er selber nur mit der polnischen Sprache aufgewachsen sei. Als ich ihn frage, wo er dennoch so gut Deutsch gelernt habe, zuckt er die Schultern und lacht wieder, aber diesmal ist es ein verbittertes, resigniertes Lachen. „Ein bisschen von den Großeltern, die mit meiner Mutter immer Deutsch sprachen, ein bisschen von den Touristen ...“, gibt er mir schließlich zur Antwort. „Und alles wegen die Hitlerowcen!“ Sein Nachsatz klingt, als wolle er mich nun hinfahren an jenen Ort, der schuld daran war, dass er kein Deutsch mehr spricht wie seine Eltern, an jenen Ort, der ihm die Muttersprache geraubt hat, ein Stück Heimat. Mir wird plötzlich bewusst, dass ich mich auf dem Weg zurück in eine Vergangenheit befinde, deren Narben bis heute sichtbar geblieben sind, noch Schmerzen verursachen. Eine Vergangenheit, über die mein Taxifahrer im Präteritum spricht, deren Gegenwart er aber noch spürt.

Ab und zu deutet Piotr auf ein Haus oder einen Kirchturm, auf dem sich ein Storchennest befindet. Er tut es stumm, sagt nichts dazu, weiß auch so, dass die Touristen verstehen, worauf er sie aufmerksam machen möchte. Kurz vor Sensburg halten wir an, um ein Storchenpärchen auf einem Hausdach zu fotografieren. Eine ältere Bäuerin tritt heraus und deutet auf einen nahe gelegenen Kamin. „Dort", sagt sie in einem Polnisch mit für mich fremdem Akzent, „ist auch mal ein Nest gestanden, ganz junge Störche, aber der Wind hat das Nest heruntergeweht". Sie zuckt verständnislos die Schultern, bleibt ein wenig unschlüssig stehen, wartet, ob ich verstanden hätte, wie schwer das Leben in Masuren ist, wenn man nicht Urlaub macht, sondern hier wohnt. Schweigend verschwindet sie wieder im Haus, und die Mahnung verfehlt ihre Wirkung nicht.

Mein Wunsch, zur Wolfschanze zu fahren, hat Piotr nicht überrascht. „Alle deutschen Touristen fahren dorthin", erzählt er und fügt hinzu, dass auch viele polnische Schulklassen Ausflüge zu diesem Ort veranstalten. Bis zu meiner Reise hierher war die Wolfschanze für mich ein eher abstrakter Begriff, ein Relikt aus dem Geschichtsunterricht, das mir vor allem wegen seines sonderbaren Namens im Gedächtnis geblieben war. Wolfschanze! Das klang spannend, wobei die Spannung in erster Linie darauf beruhte, dass ich mir unter dem Namen nichts vorstellen konnte. Auch die Bezeichnung „Führerhauptquartier" brachte damals wenig Erhellung. Ein gut gesichertes Haus, malte ich mir aus, ein Schlösschen mit Schussanlagen oder einen unterirdischen Bunker – wie man sich als Schüler so vieles in sonderbaren Farben ausmalte: die Bastille, Jalta, den Checkpoint Charlie. Und wenn man dann sieht, was die Namen benennen, zerreißt sich das Bild von selbst, kapituliert vor der banalen Realität.

Was ich acht Kilometer östlich von Rastenburg zu sehen bekomme, übersteigt selbst die Vorstellungskraft meiner Schülerzeit. Ein ‚Quartier‘ hatte ich erwartet, nicht aber einen fast städtischen Charakter annehmenden Komplex aus Beton-Ruinen. Bereits am Eingang steht ein großer Lageplan, auf dem das 2,5 Quadratkilometer große Gelände abgebildet ist. Auf den ersten Blick zeigt die Darstellung eine Waldsiedlung mit zahlreichen Gebäuden, die durch kleine Wege miteinander verbunden sind. Aber als ich mich umdrehe, wird mir schnell deutlich, um welche Art von ‚Quartieren‘ es sich handelt: Betonbunker mit Ausmaßen, wie ich sie nirgends zuvor gesehen hatte. Das Wort „Gigantismus“ springt in meine Sprachlosigkeit, füllt die Leere, die mich umgibt. In so einer Bunkerstadt bezog Hitler Quartier, um seine Annexionspläne gegenüber der Sowjetunion umsetzen zu können. Von hier aus plante er die Eroberung der halben Welt und überlebte zugleich den Versuch einiger Militärs, seinem Wahn ein Ende zu setzen. Eine Gedenktafel erinnert an jenes Bombenattentat des Grafen Stauffenberg, das den Widerstand des deutschen Volkes gegen die Diktatur des Nationalsozialismus symbolisiert. Die Aufschrift lautet: *Hier stand die Baracke, in der am 20. Juli 1944 Claus Graf Schenk von Stauffenberg ein Attentat auf Adolf Hitler unternahm. Er und viele andere, die sich gegen die nationalsozialistische Diktatur erhoben hatten, bezahlten mit ihrem Leben.* Bezahlten mit ihrem Leben. Mir gefällt diese Redewendung unserer Sprache nicht. Sie klingt nach Kunde und Verkäufer, Angebot und Nachfrage. Was kostet wie viel. Was ist teuer, was billig. Das Leben als Währung lässt niemanden übrig, der mit ihr bezahlt.

Auf dem Lageplan sind über 80 Gebäude eingezeichnet, darunter ehemalige Luftschutzkeller, Hotels, Offizierskasinos, ein Kraftwerk und ein Bahnhof. Piotr erzählte mir im Taxi, dass jene Arbeiter, welche die Schienen verlegt hatten, ermordet wurden, um niemandem den genauen Standort der Wolfschanze verraten zu können. Einen Teil der Schienen finde ich noch auf dem Gelände, eingerostet und mit Gras überwachsen. Eine Schulklasse hat sich auf einem der Gleise niedergelassen, macht Rast auf der Wanderung durchs Gelände.

Als die einmarschierenden Russen im Januar 1945 die Wolfschanze durch Zufall entdeckten, fanden sie nur noch bis zu mehreren Metern dicke, über- und untereinanderliegende Betonblöcke vor. Die sich zurückziehenden deutschen Truppen hatten den gesamten Komplex gesprengt, soweit das überhaupt möglich war, und von dem einst 36 Millionen Reichsmark teuren Hauptquartier nur noch eine außerirdisch anmutende Betonlandschaft zurückgelassen. Über 55000 Minen wurden später geborgen, und bis heute warnen Schilder davor, die gekennzeichneten Wege zu verlassen. Kaum jemand hält sich daran. Auch ich betrete eine der Spalten im Beton, verlasse den Weg, um für einen Blick in die Dunkelheit mein Leben zu riskieren.

Die Bunker wurden zwischen hohen Bäumen errichtet und mit Moos und anderem Tarnmaterial bedeckt, so dass sie aus der Luft nicht auszumachen waren. Selbst auf dem Weg durch die Anlage wird manche Bunkerwand erst wenige Meter vor mir sichtbar. Nach über

45 Jahren liegen die stummen Kolosse noch immer im Verborgenen, bedecken ihre Scham vergeblich vor den Massen von Touristen, die sich auf dem Gelände tummeln. Mein Rundgang dauert über zwei Stunden, und es fällt mir schwer, den Alltag im Krieg in meiner Fantasie auferstehen zu lassen. Ich schließe mich einer geführten Gruppe an und bin erstaunt, mit wie viel Detailkenntnis und Engagement die polnischen Gästeführer den tristen Ort wiederbeleben. Bormann, Göring, Keitel und – natürlich Hitler. Namen bekommen in den Ausführungen plötzlich Hände und Füße, Uniformen laufen in großen Schritten über das Gelände, stehen stramm, erheben die Hand zum Hitlergruß. Wer damals mit Hitler sprechen wollte, musste drei Kontrollen passieren mit drei verschiedenen Ausweisen. Bis zum Feldmarschall hinauf wurden den Besuchern die Waffen abgenommen, so sehr fürchtete sich der Diktator selbst hinter acht Meter dicken Mauern vor Anschlägen. Die polnischen Fremdenführer imitieren den Sprachjargon von damals, die Gestik von Bormann, die Gangart von Goebbels, erzählen, wer vor wem zitterte, wer mit wem sympathisierte, zitieren Aussprüche und Standortbefehle. Ich versinke in diesem vorgeführten Grauen des Alltags, verlaufe mich zwischen den Betonwänden, die plötzlich mehr sind als ein Gemisch aus Zement, Wasser, Sand und Stahl.

Dann endet der Pfad, die Bäume lichten sich, Beifall ertönt aus der Gruppe und Geldbörsen werden gezückt. Ich trete auf das Parkplatzgelände hinaus, der Weg zurück ins Jetzt gestaltet sich einfach und abrupt. In einem ehemaligen SS-Gebäude befinden sich heute ein Restaurant und ein Hotel, daneben reiht sich ein Souvenirshop an den anderen. Bücher, Postkarten, Silberschmuck werden verkauft. Die Wolfschanze als Aufkleber, Aufnäher, Porzellan-Tellerchen. Die Touristen brauchen Andenken zum Vorzeigen, Mitbringsel mit

Preisschildchen. I did it. I was here. Das genügt. Die Erinnerung spielt keine Rolle mehr. Und während die Eltern drinnen in den Läden noch Geschenke suchen, schlecken die Kinder draußen Eis. Für sie gibt es nichts zu verstehen.

Meine Augen suchen Piotr und finden ihn neben seinem Taxi sitzend eine Zigarette rauchen. Als er mich sieht, steht er auf, lässt den Wagen an, ich steige ein. Die ersten Minuten verbringen wir schweigend, dann reden wir über Polen, den Beitritt zur EU, die Arbeitslosigkeit. Piotr fragt nicht, wie es war, wie es mir gefallen hat. Er weiß, darum geht es nicht.

Kurz vor Nikolaiken parkt er nochmal das Auto in einer Nebenstraße und führt mich über einen kleinen Feldweg zu einem alten deutschen Friedhof. Auf den Grabsteinen finde ich noch deutsche Inschriften und Namen. Einige sind in polonisierter Form geschrieben, zum Beispiel *Sznajder* oder *Szindler*. In Oberschlesien wurden die deutschen Inschriften auf den Friedhöfen größtenteils ausgemeißelt. Hier dagegen, fernab von allen Städten und Behörden, wo die Repressionen gegen das Deutschtum nach dem Krieg weniger systematisch durchgeführt wurden, finden sich noch Überreste, stumme Zeugen vergangener Zeiten. Piotr führt mich zu dem Grab seiner Großeltern, auf dem deutsche Namen stehen. Die Rache der Kommunisten an den Erfindern der Wolfschanze hat auch seine Familie getroffen, der mit dem Verbot ihrer Muttersprache auch die Identität geraubt wurde.

In den nächsten Tagen sehe ich Piotr häufiger in der Taxischlange auf dem Hauptplatz in Nikolaiken stehen, eine Zeitung lesen oder eine Zigarette rauchen. Wenn er mich sieht, hebt er die Hand, nickt oder lächelt mir zu. Als Taxifahrer hat er es nicht leicht in diesem Ort, denn die Konkurrenz ist hart, und kaum jemand fährt mit dem Taxi. Nur zum Bahnhof. Oder zur Wolfschanze. Als Halbtagsausflug in die Geschichte.

KWIATY "Lilia"
BLUMEN
BLUMEN
SALON
KOSMETYCZNY
TIPSY żel akryl
TABAC
SHOP
Kadus
SALON FRYZJERSKI
DAMSKO-MĘSKI
KLAUDIA
FRISEURSALON
DAMEN & HERREN
TATTOO
piercing

Frankfurt/Oder – Słubice

Deutschland. Oder. Polen

Auf dem Weg zur Oderbrücke stoße ich in Frankfurt auf einen Supermarkt, in dem es nur ein einziges Schild in deutscher und in polnischer Sprache gibt: *Supermarkt ist videoüberwacht. Jeder Diebstahl wird zur Anzeige gebracht.* Das Vertrauen zu den Nachbarn ist noch keineswegs grenzenlos, obwohl man sich natürlich freut, dass die Polen mittlerweile zum Kundenstamm gehören. Doch sicher ist sicher. Und ich nehme durchaus wahr, dass andere Schilder im Stadtbild sich bemühen, dem Nachbarn in seiner Sprache entgegenzukommen.

Vorbei an einem riesigen McDonald´s, der sich ausgerechnet an der Karl-Marx-Straße befindet, reihe ich mich ein in eine kleine Schlange, die sich vor dem Grenzhäuschen auf der Brücke gebildet hat. Doch warten muss niemand. Die Grenzer winken die Leute einfach nur durch, obwohl jeder seinen Ausweis gegen das Fenster hält.

Es ist Sonntagnachmittag und ich begegne nur wenigen Menschen mit Einkaufstüten auf der Brücke, die die Seite wechseln. Als ich ein älteres Ehepaar frage, was sie nach Słubice zieht, zeigen sie sich überrascht. Eigentlich nichts Besonderes. Sie wollen nur spazieren gehen. Drüben, wo noch nicht alles so verbaut und das Oderufer noch naturbelassen ist. „Vielleicht kaufe ich auch eine Packung Zigaretten“, sagt der Mann. „Und Brötchen, für heute Abend“, fügt die Frau hinzu. Weil man am Sonntag in Frankfurt keine bekommt. Außerdem seien sie in Słubice genauso gut und billiger. Aber da lacht sie, weil es ihr auf die paar Cent nicht ankäme. Das sei nur wichtig, wenn man vier Kinder habe!

Auf der anderen Seite der Brücke begrüßen mich links und rechts zwei containerartige Glasbauten mit kleinen Läden darin, die für manche Besucher aus Frankfurt schon den Zielort ihrer Einreise darstellen. Apteka. Fryzjer. Kantor. Papierosy – supergünstig, steht über den Eingängen. Und ich frage mich, ob Słubice nicht der ideale Ort für Deutsche wäre, um auf schonende Weise an die polnische Sprache herangeführt zu werden. Jubiler. Fryzjer damski und męski. Tabacshop. Zigaretten billig open 6-23 Uhr, Salon Fryzjerski, Kwiaty „Lilia" Blumen, disco, pub. Was sich nicht gleich erschließen lässt, wird sicherheitshalber übersetzt. Lody zum Beispiel. Heißt Eis. Und wer nicht lesen kann, dem hilft ein Bild auf die Sprünge. Kwiaty heißt Blumen. Papierosy Zigaretten. Biuro podróży Reisebüro.

Es gibt wohl kaum einen Ort in Polen, wo die deutsche, polnische und englische Sprache zu einem so gleichmäßigen Einheitsbrei verrührt werden, wie im Stadtbild von Słubice. Der Schilderwald spricht ein eindrucksvoll perfektes Grenzesperanto, und nach ein paar Minuten weiß ich schon selbst nicht mehr, welcher Sprache ein „Tabacshop" nun eigentlich zuzuschreiben ist. Schwierig ist es auch deshalb, weil die Rechtschreibung sogar auf großen Werbeschildern selbst mit den bestgemeinten Reformen kaum zu vereinbaren ist. Doch es stört keinen. Jeder weiß, was wo zu haben ist, und die Auswahl der gefragten Produkte hält sich in Grenzen. Spätestens nach der zweiten Querstraße weiß auch der sprachunlustigste Japaner, dass man in diesem Ort Geld wechseln, dann zum Friseur gehen, eine Zigarette rauchen und schließlich Blumen und Silberschmuck für seine Frau kaufen sollte. Und für den Fall, dass einem von den vielen Zigaretten schlecht wird, haben sich auf einer Häuserwand die Schilder aller nur erdenklichen Ärzte versammelt, um Beistand zu leisten. Hier in Słubice fehlt es einem an gar nichts. Nur an Ästhetik, vielleicht. Selbst über mangelnden Intellekt kann sich hier niemand beklagen, denn inmitten der Werbeschilder ragt in überdimensionalen Lettern das Wort „Biblioteka“ hervor und gleich gegenüber befindet sich, einem gestrandeten Raumschiff gleich, das hochmoderne Collegium Polonicum der beiden Universitäten Frankfurt/Oder und Posen. Ich frage mich, wie viele Touristen dort schon eingetreten sind mit der Frage, was denn dort so verkauft werde.

In einer Seitenstraße betrete ich ein kleines Geschäft, das heute geöffnet hat. In der Tradition eines Tante-Emma-Ladens wird hier so ziemlich alles verkauft, was Hausfrau oder Hausmann zum täglichen Leben braucht. Kaffee, Joghurt, Käse, Wurst, Zigaretten, Zeitungen und Zeitschriften. Obwohl ich eine polnische Zeitung kaufe, nennt mir die Verkäuferin den Preis gleich in deutscher Sprache. Woher sie wisse, dass ich Deutscher bin, frage ich sie, und sie lacht. Heute kommen fast nur Leute von drüben, weil Sonntag und drüben alles geschlossen ist. Dann weiht sie mich in fließendem Deutsch in die Geheimnisse des Trans-Oder-Shoppings ein. In den Geschäften hier kaufen alle ein, Frankfurter, Słubicer, Polen auf Durchreise, Studenten. Sie wisse sofort, wer Deutscher aus Frankfurt ist und wer nicht. Auswärtige verglichen keine Preise, für sie sei alles billig und sie kauften wahllos. Die Frankfurter dagegen fragten schon mal nach, warum die Zigaretten hier zehn Cent teurer seien als im Geschäft eine Straße weiter. Manche hätten sich das Einkaufen in Słubice zum Ausgleichssport gemacht. Brötchen hier, Zigaretten da, Wurst auf dem Markt und so weiter. Deshalb sei der Konkurrenzdruck enorm. Aber auch die Polen zögen am Wochenende nach

Frankfurt, um dort auf Schnäppchenjagd zu gehen. Wer sich auskenne, wisse genau, auf welcher Seite der Oder welches Produkt billiger ist.

Je mehr ich Einblick bekomme in das komplizierte Preissystem dieses oderübergreifenden „Kaufhauses", umso mehr kommt es mir vor, als hätte der Fluss seine Rolle als Grenze zumindest hier komplett eingebüßt. Er trennt weder die Sprachen, noch die Währungen. Die meisten der Polen haben hier so gut Deutsch gelernt, dass das Einkaufen keine Schwierigkeiten mehr macht. Und der Euro wird auch in Słubice akzeptiert. Selbst meine Tageszeitung wird ohne Aufschlag nach heutigem Kurs umgerechnet. Die Brücke offenbart sich mir viel eher als geheimnisvoller Verbindungsweg zwischen Angebot und Nachfrage, den Deutsche wie Polen hier wie selbstverständlich nutzen. Als ich in einem Frankfurter Geschäft nachfrage, wie denn das emotionale Verhältnis zu den Polen sei, ist die Antwort erfreulich unspektakulär. Man habe sich aneinander gewöhnt, das System habe sich eingespielt. Fast alle Frankfurter betonen, dass sie viele nette Polen kennen, gleichsam als wüssten sie schon, worauf der Fragesteller abzielt.

Nachdem ich die Brücke drei Mal in beide Richtungen überquert habe, bedauere ich, dass die Frankfurter vor ein paar Jahren gegen die Einführung einer grenzüberschreitenden Straßenbahnlinie gestimmt haben. Das Projekt schien ihnen zu teuer und der Erfolg zu ungewiss. Man hätte lieber erstmal einen Bus ausprobiert, um zu sehen, ob sich der Transport lohnt. Doch der Bus war keine Option, also stimmte man gegen die Straßenbahn. Den Taxifahrer, der mich schließlich aus Słubice zum Frankfurter Bahnhof fährt, hat es gefreut. Die meisten Fahrten macht er nämlich über die Brücke, weil vielen Grenzgängern das Schleppen der Einkaufstüten zu beschwerlich ist. So hat alles seine zwei Seiten. Wie der Fluss, der unter der Brücke fließt, und mir froh darüber zu sein scheint, übergangen zu werden.

Geschichte als Mosaik. Der Platz der Solidarität

Zum ersten Mal begegne ich in Polen einer Ampel, die mit mir spricht: „Möchtest du die Straße überqueren, drücke den roten Knopf. Möchtest du die Straße überqueren, drücke den roten Knopf. Möchtest du …“. Die Stimme ist ungewöhnlich laut und bricht geradezu erschreckend mechanisch durch die sonntägliche Stille auf diesem Platz. Es sind kaum Menschen unterwegs und niemand drückt den Knopf. Ich erlöse die Ampel und schon nach wenigen Sekunden ändert sich der Tonfall und wird freundlicher: „Ampel ist grün. Ampel ist grün“.

Ich überquere die große Straße und gelange auf eine Insel zwischen den Fahrbahnen, auf der ein riesiger Schiffsmast aufgestellt ist. Es ist der Schiffsmast des ehemaligen Dampfschiffes *Konstanty Maciejewicz*, das Ende der 20er Jahre als *Wisconsin* in Bremen gebaut, später von Polen gekauft wurde und im Laufe der Geschichte mehrmals seinen Namen ändern musste. So wie die Stadt, in welcher der Mast heute steht. Kaum ein Deutscher hat sich an Szczecin als den polnischen Namen von Stettin gewöhnt. Kaum einer kann ihn aussprechen. Mir gefällt der Mast hier mitten auf dem gewaltigen Platz, der diese Bezeichnung nicht verdient.

Im ersten Moment habe ich den Eindruck, dass dieser Platz gezwungen wurde, ein Platz zu sein. Nichts deutet darauf hin, dass er als solcher angelegt wurde. Vielleicht ist Platz auch nur das falsche Wort für diesen Ort, dem nichts so fern liegt, wie einen Hauch süditalienischer Atmosphäre zu verbreiten. Nein, dieser Platz ist nicht schön. Und er lädt keineswegs dazu ein, bei einer Tasse Kaffee auf ihm zu verweilen. Und doch. Je länger ich auf ihm spaziere, umso mehr kommuniziert er mit mir. Spricht er mit mir, erzählt er mir nicht nur seine Geschichte, sondern auch die Geschichte seiner Stadt, die Geschichte Stettins. Selten habe ich einen Platz getroffen, der mir so viel erzählt und auf dem so viele unterschiedliche Baudenkmäler eine Geschichte bezeugt hätten. Der Schiffsmast ist nur eines davon. Ohne Schiffe ist die Geschichte der Stadt Stettin nicht vorstellbar. Ohne die Werft. Ohne den Fluss. Ohne den Hafen. Darum hat Berlin Stettin immer beneidet. Vielleicht nur darum. Aber immerhin. Die Schiffe sind der Stadt geblieben, während die einstige Altstadt und deren kulturelles Leben den Kriegszerstörungen zum Opfer gefallen sind. Hier, wo heute der Schiffsmast steht, stand einst das Stadttheater, bevor es im Krieg beschädigt und Anfang der 50er Jahre endgültig abgerissen wurde. Jetzt führt eine mehrspurige Straße über diesen Ort, mit dem Schiffsmast in der Mitte. Mir gefällt dieses Denkmal. Es schürt die Erwartung, dass gleich ein Schiff auftauchen wird aus der Tiefe des Betons, aus der Schwere der Alltäglichkeit, und über den Platz schwimmen wird, um dann hinunter zur Oder zu gleiten und dort auf dem Wasser Richtung Meer zu ziehen. Ich warte noch ein bisschen. Doch das Schiff lässt sich Zeit, und so verlasse ich die Insel wieder, erlöse ein weiteres Mal die schrille Stimme der Ampel und steuere auf die Kirche zu, die sich auf der anderen Seite der Straße befindet. Eigentlich würde man in dieser trostlosen Umgebung keine Kirche erwarten, schon gar keine alte. Bestenfalls eine moderne Pfarrkirche von so ungewöhnlicher Architektur, dass sie einem Blitzableiter gleich alle Blicke auf sich zieht. Aber diese Kirche ist nicht modern. Im Gegenteil. Sie wirkt so durchschnittlich und einfach, dass ich einen Moment zögere, sie überhaupt zu betreten. Doch schon gleich hinter der Eingangstür belehrt mich eine ausführliche Tafel über die außergewöhnliche Geschichte der Kirche. Ursprünglich stand an dieser Stelle die älteste Kirche Stettins, im 12. Jahrhundert aus Holz erbaut und von Bischof Otto von Bamberg gestiftet. Doch weder von der alten Holzkirche noch von der einst reichen Ausstattung ist heute viel erhalten. Die Geschichte hat ihr nicht viel gelassen, und so wirkt sie eher künstlich herausgeputzt, betont pragmatisch, den Bedürfnissen der Polnisch-Katholischen Gemeinde angepasst. Und damit der Besucher nicht allzu schnell dem Altar den Rücken zuwendet, schließt die Tafel mit dem Satz: *Achtung Besucher! Die Peter-und-Paul-Kirche in Stettin ist das älteste und schönste sakrale Architekturbauwerk in Stettin!* Das klingt fast wie die Ampel auf dem Platz. Als ich die Kirche verlasse, blicke ich an ihrer Außenwand in die Terrakottagesichter ehemaliger Pommerscher Bürger. Eindrucksvolle und ausdrucksstarke Gesichter, in ihrer Erstarrung in die Vergangenheit weisend. In Stein gehauene Erinnerung, an der die Autos vorbeirasen. Wieder ist mir, als erzählten sie jedes für sich ihre Geschichte. Vielleicht wünschen sie sich auch nur auf das Schiff, um mit ihm zurück in alte Zeiten zu reisen. Oder hinüber ins stilvolle Café im Königstor, das zu den wenigen Kulttreffpunkten in Stettin gehört. Hier, in diesem Tor, ist die Vergangenheit eine eigenartige Symbiose mit der Gegenwart eingegangen. Im Angesicht des Soldatenkönigs Friedrich Wilhelms I. trinken die jungen Stettiner hier Bier und geben sich Jazzkonzerten oder anderen kulturellen Ereignissen hin. Es stört auch niemanden, wenn direkt an die alte Tormauer ein kleines Bierzelt angelehnt steht. Alt trifft Neu. Schön trifft Hässlich. Das Tor war im Jahre 1720 zu Ehren Friedrich Wilhelms errichtet worden, weil er nach dem Nordischen Krieg den Schweden die Stadt für einen Spottpreis abgetrotzt hatte.

Als Ende des 19. Jahrhunderts die Stettiner Stadtbefestigung abgetragen wurde, blieb das Tor als freistehendes Denkmal übrig. Und so steht es bis heute etwas verloren im Ensemble des Platzes, neben dem Schiffsmast und der Kirche, und irgendwie scheinen sich alle die alte Stadtmauer als Orientierung zurückzusehnen. Hoch oben in einem der beiden Giebel des Tores räkeln sich Herkules und Mars, sichtlich entspannt nach der gewonnenen Schlacht. Ihr Blick schweift hinüber zur Mitte des Platzes, wo ein riesiger Engel aus einem kleinen Schiff emporsteigt und eine Dornenkrone in der Hand hält. Hier, vor diesem Engel, eingerahmt von Sträuchern und Bäumen, habe ich zum ersten Mal das Gefühl, tatsächlich auf einem Platz zu stehen. Obwohl sich der Engel mit einer Würde in den Himmel erhebt, als gehörte er nicht zum Rest der Welt, trägt auch er ein Täfelchen, auf dem er seine Geschichte erzählt: *Im Gedenken an die Opfer der gewaltsamen Pazifizierung der Küstenregion durch die kommunistischen Machthaber im Dezember 1970.* Gewaltsame Pazifizierung. Die Formulierung klingt befremdlich, in deutschen Ohren widersprüchlich. Doch die Polen wissen genau, was gemeint ist.

Daneben, auf einer weiteren Tafel, finden sich die Namen von sechzehn Toten, die damals ihr Leben gelassen haben zum Wohle ihres Vaterlandes. Oder, um in der Symbolik des Engels und seiner Dornenkrone zu bleiben: die es Jesus gleichgetan und sich hingegeben haben für ihr Volk. *Sie kämpften um das tägliche Brot, starben, damit du würdig leben kannst*, lautet eine weitere Inschrift der Tafel. Manchmal erschreckt mich die Verbundenheit der Polen mit ihrem religiösen Messianismus. Ich weiß nicht, ob mir ihr Umgang mit dieser Symbolik unverkrampft oder naiv vorkommt. Doch es steht mir nicht zu, darüber zu urteilen, geschweige denn zu lachen.

Schließlich ist es nicht meine Geschichte, die der Engel erzählt, sondern die Geschichte Stettins. Und es ist eine traurige Geschichte. So traurig, dass der Platz letzten Endes den Namen der Geschichte des Engels bekommen hat. Plac Solidarności. Platz der Solidarität. Er hätte auch Königstorplatz heißen können. Oder Peter-und-Paul-Platz. Oder Maciejewski-Platz. Doch Solidarność-Platz vereint sie letztendlich alle. Die unterschiedlichen Bauwerke mit ihren Geschichten. Und die gefallenen Werftarbeiter mit den Stettinern. Alle treffen hier zusammen und bilden im Namen des Platzes jene Einheit, die seiner architektonischen Ästhetik fehlt. Und während ich darüber nachdenke, wie viel Geschichte sich auf diesem Platz verbirgt, drücke ich ein letztes Mal den Knopf der Ampel. „Ampel ist grün. Ampel ist grün." Und verlasse diesen Platz, der weit größer ist als seine Ausmaße.

Das Erbe von Papst Johannes Paul II. Stettin. Plac Jasne Błonia, 2. April 2006

Noch während ich die Statue von Papst Johannes Paul II. in der Stettiner Evangelist-Johannes-Kirche fotografiere, drängt mich eine ältere Dame, die mit ihrer Enkelin gekommen ist, höflich, aber bestimmt zur Seite. „Das ist eine Kirche“, sagt sie, und ich entschuldige mich sofort. Natürlich, eine Kirche. Da macht man keine Fotos. Da betet man. Und wie zur Demonstration kniet sich die alte Dame direkt vor mir auf den harten Marmorboden. Die Enkelin, die vielleicht acht oder neun Jahre alt sein mag, steigt die kleine Stufe zur Statue hinauf und stellt dort einen großen Strauß Rosen samt Vase zu Füßen des Papstes. Im Meer der schon niedergelegten Blumen ist für die Vase kaum noch Platz. Dann macht sie einen Knicks, ein Kreuzzeichen, steigt die Stufe wieder hinunter und kniet sich neben die Großmutter.

Ich bin längst zurückgetreten, habe mich in eine der Bänke verdrückt. Es ist schon später Nachmittag, und die Kirche ist fast leer. Nur das Blumenmeer zu Füßen des Papstes deutet darauf hin, wie viele Menschen schon hier gewesen sein müssen. Heute ist Sonntag, der 2. April 2006. Als ich morgens im Hotel aufwachte und das Radio anschaltete, dachte ich für einen Moment, der Papst sei gestorben. Auf jedem Programm liefen Kommentare zum Tod des Papstes, es wurden Messen übertragen und klassische Musik gespielt. Doch es ging nicht um den deutschen Papst, sondern um den polnischen. Heute, genau vor einem Jahr, starb Papst Johannes Paul II., und wie damals scheint auch heute zum Jahrestag das Leben in Polen stillzustehen. Auch im Fernsehen geht es in fast jedem Programm um den Papst. Rückblicke, Berichte, Kommentare. Den ganzen Tag über wiederholen sich die Bilder seiner Wahl zum Papst im Oktober 1978, Bilder des Attentats 1981 und seiner zahlreichen Polenbesuche. Als ich die Zeitung kaufe, füllt sein Porträt die ganze Titelseite. „Das erste Jahr ohne Johannes Paul II." steht darunter. Und fast möchte ich ein Kreuzzeichen machen, bevor ich zahle. Die ganze Stadt ist mit Fahnen geschmückt, überall hängen kleine Plakate, die auf die Kerzenprozession und die Messe aufmerksam machen, die heute Abend auf dem Platz Jasne Błonia stattfindet. Hier hatte der Papst bei seinem Besuch 1987 Station gemacht und zu Tausenden von Pilgern gepredigt. Heute wiederholt sich das Schauspiel. Und nicht nur in Stettin. Überall in den größeren Städten Polens finden Gedenkmessen vor Tausenden von Gläubigen statt. Und für alle ist der Papst wieder dabei. Zumindest glauben sie das.

Ich brauche etwas Zeit, um mich an diese Form eines Gedenktags zu gewöhnen. Für Deutsche ist Papsttreue dieser Art eher ungewöhnlich, selbst wenn man aus Bayern kommt. Schon der Anblick des kleinen Mädchens und seiner Großmutter vor der Papststatue in der Evangelist-Johannes-Kirche hat mich beeindruckt. Vielleicht deshalb, weil ich in Deutschland in einen Wallfahrtsort reisen müsste, um ein solches Bild zu finden.

Schon als der Papst starb, wurde mir eindrucksvoll vorgeführt, wie unterschiedlich das Verhältnis von Deutschen und Polen zu ihm war. Während im deutschen Fernsehen die Begräbnisfeierlichkeiten den ganzen Tag über von einem Reporter bis ins kleinste Detail kommentiert wurden, lief im polnischen Fernsehen nur klassische Musik zu den Bildern, die vor allem geprägt waren von tränenüberströmten Gesichtern der Menschen, die Blumen niederlegten und Kerzen anzündeten. Die Trauer bedurfte keines Kommentars. Die Beisetzung des Papstes bedeutete in Deutschland die Beisetzung eines Geachteten und Respektierten, in Polen war es die eines Geliebten. Diesen Unterschied zu verstehen fiel den meisten in Deutschland schwer und nicht wenige hielten die Anteilnahme der Polen für übertrieben. Als mit Benedikt XVI. ein neuer Papst und enger Freund Johannes Pauls II. gewählt wurde, zogen die Polen jubelnd durch die Straßen. Eine polnische Zeitung rief bei mir an und wollte wissen, wie die Regensburger ihren Papst feierten. Doch in Regensburg regnete es an diesem Tag und im regionalen Fernsehen verkündete ein Reporter mit Schirm, dass wohl der Regen daran schuld sei, dass so wenige Menschen in den Dom gekommen waren.

Auch heute meint es das Wetter nicht gut mit den Stettinern. Doch niemanden hält der Regen davon ab, sich dem Lichterzug anzuschließen, der von der St. Jakobs-Kirche zum Platz Jasne Błonia führt. Tausende von Kerzen bahnen sich, begleitet von Gesängen und Gebeten, ihren Weg durch die Dunkelheit. Und Schritt für Schritt wandle ich mich vom anfänglichen Beobachter zum trauernden Mitglied des Zuges. Diese Gemeinschaft lässt keine Außenstehenden zu. Den trauernden Gesichtern zu misstrauen ist unmöglich. Und so stimme ich bald schon ein in die Gebete und Gesänge, lasse mich treiben auf dieser Welle, die ich anfangs noch so skeptisch begutachtet hatte.

Auf dem Platz angekommen, verharrt der Zug mit Tausenden von anderen Gläubigen im Gebet. Dutzende von Würdenträgern haben sich um den Erzbischof von Stettin versammelt, um mit ihm gemeinsam die Messe zu feiern. Neben mir in der Menschenmenge mache ich das kleine Mädchen aus der Evangelist-Johannes-Kirche aus, das wieder mit seiner Großmutter gekommen ist. Es ist halb zehn in der Nacht, und doch befinden sich unter den Gläubigen viele Kinder. Niemand fragt danach, ob die Kinder nicht ins Bett müssten, weil morgen Schule ist. Plötzlich wird es still. Um mich herum sinken alle Gläubigen auf die Knie. Ich zögere, denn der Boden ist nass und überall sind Pfützen. Dieses Zögern hätte gereicht, um mich als Deutschen auszumachen. Doch die Macht der Gemeinschaft zwingt auch mich auf die Knie. Dann läuten die Glocken. Überall in der Stadt. Überall in Polen. Es ist 21.37 Uhr. Die Sterbezeit des Papstes. Der Regen vermischt sich mit den Tränen überall auf den Gesichtern. Ich erschrecke bei dem Gedanken, dass der Papst ja nicht gerade eben, sondern vor einem Jahr verstorben ist. Für einen Moment vereint sich die Gegenwart mit der Vergangenheit, trifft sich die heutige Stunde mit der Stunde vor einem Jahr. Ich ertappe mich dabei, wie mich dieses Phänomen mehr beschäftigt als der eigentliche Anlass der Feierstunde. Und ich fühle mich sehr deutsch bei dieser Reflexion. Und je mehr ich darüber nachdenke, umso mehr schmerzen die Knie, umso stärker erfasst mich das Bedürfnis, aufzustehen, herauszutreten aus der Menschenmenge und mein Heil in der Dunkelheit jenseits des Platzes zu suchen. „Das erste Jahr ohne Johannes Paul II.“, stand auf dem Titel der Zeitung. Und der Tag macht deutlich, dass es ein schweres Jahr war für Polen, ohne diese ordnende Stimme aus Rom, auf die alle hörten. Vater unser im Himmel, betet die Menge, und ich stimme wieder ein, diesmal in meiner Muttersprache. Und ich habe das Gefühl, dass die Polen jemand anderen meinen als ich.

NICOLAUS COPERNICUS
THORUNENSIS
TERRAE MOTOR
OLIS CAELIQUE STATO

Sonne im System. Das Denkmal des Nikolaus Kopernikus

Den Zeigerfinger der rechten Hand dozierend in den Himmel erhoben, steht Nikolaus Kopernikus im Talar eines mittelalterlichen Domherren mitten auf dem Thorner Marktplatz vor einer Schulklasse und verkündet seine Lehren. Ob die Kinder ihm glauben? Ob sie ihn überhaupt verstehen? In welcher Sprache mag er zu ihnen sprechen? Ich stelle mich für einen Moment dazu und lausche den Ausführungen, die der Astronom durch den Mund der Lehrerin verkünden lässt. Mir gefällt ihr Zitat von Martin Luther, der angeblich über Kopernikus gesagt haben soll: „Der Narr will mir die ganze Kunst Astronomia umkehren! Aber wie die Heilige Schrift zeigt, hieß Josua die Sonne stillstehen und nicht die Erde!“ Er konnte wohl nicht anders. Doch im Gegensatz zu Galilei musste Kopernikus den Zorn der Kirche damals noch nicht fürchten. Zu seiner Zeit wurden solche Thesen noch als Spinnerei oder Hirngespinst eines verwirrten Geistes abgetan, schließlich hätte man bei einer Drehung der Erde ja den Fahrtwind spüren müssen. Erst Jahrzehnte später schien die Kirche den Ernst der Lage zu begreifen und machte Galilei den Prozess.

Ich weiß nicht, wie viel die Schüler von den Ausführungen der Lehrerin über helio- und geozentrische Weltbilder verstehen, doch die wichtigste Erkenntnis finden sie auch in jenem Satz wieder, den die Thorner dem Astronomen in den Sockel des Denkmals graviert haben: *TERRAE MOTOR SOLIS CAELIQUE STATOR – Die Welt hat er bewegt, Sonne und Himmel zum Stehen gebracht.* Mich amüsiert die Frage eines Schülers in Schlabberhosen, ob die Menschen damals tatsächlich geglaubt haben, dass sich die Sonne um die Erde dreht. Schließlich sei das doch eine klare Sache. Genauso ungläubig dürften vor 500 Jahren viele Menschen die Lehren des Kopernikus aufgenommen haben. Nur eben andersherum.

Während die Erkenntnisse von Kopernikus mittlerweile unstrittig sind, bleibt die Frage nach seiner Nationalität weiterhin kompliziert. Im Internet stoße ich sogar auf ein eigenes Chatforum, das sich mit dieser Frage auseinandersetzt, freilich mit unterschiedlich schlagkräftigen Argumenten. „Wer Kopernikus als Polen bezeichnet, ist blöd“, lese ich dort, oder: „Seine Mutter war Deutsche. Reicht euch das nicht?“ Ein anderer Teilnehmer des Chats versucht es auf die versöhnliche Tour und gliedert sein Statement brav in pro und contra: „Für deutsch spricht: die Abstammung der Mutter von Kopernikus; die deutsche Bevölkerungsmehrheit im damaligen Thorn; der fehlende Nachweis, dass Copernicus die polnische Sprache beherrschte. Für polnisch spricht: die Zugehörigkeit Thorns zur polnischen Krone zur Zeit seiner Geburt; seine Loyalität gegenüber dem polnischen König; seine häufige Titulierung als ‚polnischer Astronom‘ in Schriften der damaligen Zeit.“

Die Angelegenheit ist wahrlich verzwickt, beinahe komplizierter als Kopernikus’ Theorien, die, nachgewiesen mit Hilfe der Mathematik, zu einem eindeutigen Ergebnis geführt haben. Die Frage nach seiner Nationalität hingegen hinterlässt Stellen hinter dem Komma, Brüche und Reste, die keine eindeutige Antwort zulassen. Ich weigere mich aber, die im Internet aufgeführten Argumente mathematisch gegeneinander aufzurechnen. Um zu einem Ergebnis zu kommen, schließe mich lieber einer Aussage an, die ich in der Allgemeinen Deutschen Biographie aus dem Jahre 1876 finde: *Wir ehren in Copernicus nicht den Polen, nicht den Deutschen, sondern den Mann freien Geistes, den großen Astronomen, den Vater der neuen Astronomie, den Urheber der wahren Weltanschauung.*

Die meisten Thorner haben sich wohl damit abgefunden, dass es mit der Nationalität im 15. Jahrhundert so eine Sache war. Und so steht der Spruch auf dem Denkmal in lateinischer Sprache, um niemandes Zorn heraufzubeschwören. Im Jahr 1766 hatte bereits der Fürst Józef Aleksander Jabłonowski den Thornern eine Marmorbüste des Astronomen gestiftet, allerdings mit einer Aufschrift, die den Thorner Stadtrat spaltete, war darin doch der Satz enthalten: *Nicolaus Copernicus, dem Bürger Preußens, dem Polen, der aus Thorn stammt.* Obwohl es die erste Büste war, die in Polen an den Astronomen erinnerte, untersagte der überwiegend deutsche Stadtrat deren öffentliche Aufstellung.

Es sollte noch über 40 Jahre dauern, bis im Jahr 1809 schließlich doch noch der Grundstein für ein zentrales Denkmal auf dem Marktplatz gelegt, und weitere 44 Jahre, bis die Einweihung der Bronzeskulptur mit einem großen Festzug gefeiert werden konnte. Die ganze Stadt war damals auf den Beinen, um ihrem berühmtesten Sohn zu Füßen seines Denkmals zu huldigen, der hier in Thorn nicht nur geboren und getauft wurde, sondern auch zur Schule ging und sich die geistigen Grundlagen für seine späteren Forschungen erwarb.

Der Stolz, mit dem die Thorner Kopernikus bis heute jedem Besucher präsentieren, ist in der Stadt allgegenwärtig. An jeder Ecke möchte man mir eine Büste von ihm verkaufen. Aus Bronze. Aus

Marmor. Aus Gips. Je nach Kunstempfinden und Geldbeutel. Selbst auf der Verpackung von Lebkuchen tritt mir Kopernikus als Werbeträger entgegen.

Eine kleine Broschüre geleitet mich auf Kopernikus' Spuren durch die Stadt. Vom Denkmal aus führt sie mich zur Kathedrale St. Johannes, wo ich auf das Taufbecken von Kopernikus stoße, das bis heute erhalten geblieben ist. Mir Kopernikus als Baby im Taufkleid vorzustellen, will nicht gelingen, so dass ich mich lieber dem Porträt zuwende, das ihn schon in älteren Jahren zeigt und mir aus vielen Reproduktionen bekannt ist. Es hier in der Kapelle anzutreffen, hatte ich nicht erwartet.

Unter dem Porträt finde ich auch jene Büste des Astronomen, die einst den Zorn des Thorner Stadtrats erregt hatte und damals zunächst in den Magazinen des Thorner Rathauses verschwunden war, um schließlich hier in der Kathedrale des Heiligen Johannes einen neuen Standort zu finden. Vor Gott zählt der Glaube, mag man sich dabei gedacht haben, und nicht die Nationalität.

Vom Porträt und der Büste im Dom folge ich den Spuren des Astronomen weiter zu seinem Geburtshaus in der heutigen Kopernikusstraße 17, wo in einem typischen Kaufmannshaus aus der Zeit der Hanse dem Astronomen ein eigenes Museum gewidmet ist. Noch immer diskutiert man in Thorn, ob Kopernikus tatsächlich hier oder doch in einem anderen Haus der Familie am Marktplatz geboren wurde. Da dieses Haus ohnehin nicht mehr existiert, brauchte man sich um den Standort des Museums jedenfalls nicht zu streiten. In zwei Gebäuden, die einst den Eltern des Astronomen als Wohn- und Handelshaus dienten, bekomme ich mittels zahlreicher Exponate einen Einblick in Leben und Werk von Kopernikus. Besonders beeindrucken mich dabei drei aus Kiefernholz gefertigte Holzmodelle, die zeigen sollen, welch einfache Mittel er damals bei seinen Forschungen nutzte, um seine Thesen zu erarbeiten. Ein Quadrant diente ihm zur Beobachtung der Sonne und zur Bestimmung der geografischen Breitengrade, ein Astrolabium und ein Triquetrum zur Bestimmung der Entfernung des Mondes von der Erde. Ich kann kaum glauben, dass es mit Hilfe dieser einfach genialen Holzkonstruktionen für Kopernikus möglich war, vor fast 600 Jahren die Erde aus ihren Angeln zu heben.

Je mehr ich in Thorn über Kopernikus lese und auf seinen Spuren wandle, umso schneller dreht sich mir der Kopf, kreisen meine Gedanken um Sonne, Mond und Sterne. Irgendwann überkommt mich selbst das Gefühl, ein kleiner Planet zu sein, der, angezogen von einer fremden Macht, unaufhaltsam auf den Spuren des Astronomen um das Thorner Rathaus kreist, das sich gleichsam wie eine steinerne Sonne im Zentrum der Stadt erhebt. Und ich bin nicht allein. Massen von Touristen ziehen mit mir an diesem Sommertag ihre Bahnen um den Rathausplatz. „So lenkt die Sonne gleichsam auf königlichem Thron sitzend, in der Tat die sie umkreisende Familie der Gestirne“, schreibt Kopernikus in seinem Hauptwerk „Von den Bewegungen der Himmelskörper“. Irgendwie habe ich das Gefühl, in Thorn einer eigenen Interpretation dieses Satzes zu unterliegen.

Und alle halten sie in ihrer Bewegung kurz an, wenn sie zu Füßen des Denkmals von Kopernikus angelangt sind, um sich mit Hilfe des Astrolabiums in seiner Hand ihres Weges zu versichern. Dann ziehen sie weiter, wie auch ich weiterziehe, um am nächsten Tag schweren Herzens die Umlaufbahn zu verlassen. Aber im Gegensatz zu Kopernikus, der Thorn 1491 für immer verließ, um in Krakau zu studieren, werde ich zurückkehren, angezogen von der Schwerkraft dieser Stadt.

WACŁAW
HARASYMOWICZ
LEGJONISTA
P.P.S.

Opfer der Geschichte. Auf dem Warschauer Soldatenfriedhof Powązki

Auf einen Friedhof war ich gefasst. Auf mehr oder weniger gepflegte Gräber, alte Grabsteine in verschiedenen Formen und Ausführungen, kitschige und weniger kitschige Engelsgesichter. Irgendwo dazwischen erwartete ich eine große, eindrucksvolle Allee mit den Gräbern berühmter polnischer Künstler und Schriftsteller, Sänger, Maler und Philosophen. „Zur ‚Ruhmesallee'", hatte ich dem Taxifahrer gesagt, „auf dem Powązki-Friedhof". Und ohne nachzufragen, war er losgefahren, schien sich seines Zieles sicher. Ich wollte die Gräber der Schriftsteller Leopold Staff, Zbigniew Herbert und des Nobelpreisträgers Władysław Reymont besuchen. Auch das Grab des berühmten Sängers Jan Kiepura sowie des Komponisten Julian Wieniawski hoffte ich dort zu finden.

Doch als ich nach einer Viertelstunde Fahrt das Taxi verlasse und durch ein großes Tor den Friedhof betrete, verschlägt es mir die Sprache. Vor mir erstreckt sich ein scheinbar endloses Feld aus gleichförmigen Birkenkreuzen, dazwischen immer wieder weiß-rote Bänder, die im Wind flattern. Mir wird schnell klar, dass auf diesem Friedhof keine Künstler liegen. An diesem Ort herrscht keine Friedhofsidylle. Hier lächeln keine freundlichen Engelsgesichter aus Stein von den Gräbern. Hier liegt das Gerippe des Krieges. Eines unfassbar großen Krieges. Und beim Gang durch die Reihen der Gräber wird auch deutlich, um welchen Krieg es sich handelt. Alle hier begrabenen Soldaten und Kämpfer starben als Helden für ihr Vaterland. Zu verschiedenen Zeiten. In verschiedenen Kriegen. Auf verschiedene Weise. In der Schlacht auf dem Feld, auf den Barrikaden in den Straßen, beim Häuserkampf in der Altstadt. Dieser Friedhof scheint kein Ende zu haben, die Reihen der Kreuze keinem Horizont entgegenzustreben. Nichts, was die Masse der Toten begrenzen könnte.

In Warschau gibt es zwei Powązki-Friedhöfe und zwei „Alleen der Verdienstvollen". Die eine Allee für die Künstler, Schriftsteller und Denker. Die andere für die Soldaten und Politiker. Der Taxifahrer hatte sich für Letztere entschieden, ohne mir die Wahl zu lassen. Vielleicht hielt er nicht viel von Kunst und Literatur. Oder er hat selber gekämpft und es gab für ihn nur eine Antwort auf meine Frage. Nun sehe ich dem Krieg ins Auge. Zum ersten Mal in meinem Leben, denn bislang kannte ich Soldatengräber nur in Form kleiner abgegrenzter Zonen auf den Friedhöfen.

Die Toten auf diesem Friedhof haben den polnischen Staat am Leben gehalten. Während der Aufstände in der Zeit der Teilungen im 19. Jahrhundert, im Ersten und Zweiten Weltkrieg, während des Warschauer Aufstandes und in der Zeit des Stalinismus. Wie ein Geschichtsbuch blättere ich die Reihen der Gräber durch, die mir in großen Lettern ihre Geschichten erzählen: *Den Helden des Aufstandes 1863,* heißt es dort, oder *Wacław Harasymowicz Ing. Oberst der polnischen Armee. Legionär. Mitglied der Kampforganisation der Polnischen Sozialistischen Partei. Politischer Gefangener. 28.9.1875-31.12.1923.* Statt einem Engel steht ein Soldat in Uniform über dem Grab, mit Munitionsgürtel und Gewehr. *Katyń 1940; Heimatarmee. Bataillon ‚Faust' 1939-1945; Bataillon ‚Gustaw' und ‚Harnaś'. Inhaftiert und hingerichtet in der Zeit des stalinistischen*

Terrors der Jahre 1944-1952; Den Gefallenen auf den Barrikaden des Warschauer Aufstandes 1944. Daneben der berühmte Anker der Heimatarmee, ein Symbol, zusammengesetzt aus den Buchstaben P und W: „Polska walcząca". Das kämpfende Polen. Dazwischen die weiß-roten Farben. Immer wieder. Auf dem ganzen Friedhof. In allen Größen. Als Fahnen, Wimpel oder Bänder. Und ab und zu Kerzen. Mit rotem Plastikschutz im weißen Schnee.

Am meisten bewegen mich die endlosen Reihen der Holzkreuze für die Gefallenen des Zweiten Weltkriegs. Name. Dienstgrad. Alter. Ort. Bataillon. Kaum einer der Gefallenen ist älter als 21. In Reih und Glied liegen sie hier nebeneinander, ihre Gräber tragen nun die Uniformen. Es gibt keinen Platz für Marmor und Engelsgesichter. Keiner dieser Toten erwartet, dass ich mich vor sein Grab stelle und für ihn bete. Wenn beten, dann für alle, die hier liegen. Und dennoch stelle ich mich vor eines der Kreuze. *Rajmund Jaszczuk. 19 Jahre. Fiel am 12. August 1944 in der Warschauer Altstadt. Kompanie Rudy*. Ich stelle mir den jungen Mann vor, seine Eltern, seine Schulzeit, dann den Kampf zwischen den Häusern während des Aufstandes. Unwillkürlich spreche ich ein Gebet.

Auf dem Weg zum Ausgang stoße ich in diesem Meer aus Kreuzen auf die riesigen Grabmäler der ehemaligen kommunistischen Regierungschefs Bolesław Bierut und Władysław Gomułka. Es gefällt mir nicht, dass in den Granitkoloss des Grabes von Gomułka auch dessen Spitzname *Wiesław* in den Marmor gehauen ist. In Anführungszeichen. Bei den Holzkreuzen der Soldaten hätte es mir gefallen. Es beruhigt mich jedoch, dass die Politiker hier liegen und nicht bei Staff oder Herbert, sondern bei den Soldaten. Regierung und Soldaten passen gut zusammen. Vielleicht sollte man alle Regierungschefs auf Soldatenfriedhöfen beisetzen.

Ich verlasse diesen Friedhof und seine „Allee der Verdienstvollen", überlege kurz, noch zu den Künstlern und Schriftstellern zu fahren. Doch irgendetwas hält mich davon ab. Vielleicht, weil ich nach der Begegnung mit diesem Friedhof dem Taxifahrer insgeheim recht gebe. Einverstanden bin damit, dass diesen jungen Menschen vielleicht mehr Ehre gebührt als Sängern und Schriftstellern. Vielleicht, weil mir dieser Friedhof eine Geschichte erzählt hat, die ich nicht so schnell vergessen möchte. Eine Geschichte, die ich noch etwas mit mir herumtragen möchte durch die Straßen Warschaus. Die Geschichte Polens.

WYSTAWA
FILMOWY
PAŁAC
FILMOWY
PAŁAC

Wo Katzen regieren. Der Palast für Kultur und Wissenschaft

Als ich den Warschauer Kulturpalast zum ersten Mal Mitte der 80er Jahre sah, thronte er noch einem König gleich über allen anderen Gebäuden der Stadt. Irgendwie erhaben, stolz und dabei doch wissend, dass sich sowohl an seinen äußeren als auch an seinen inneren Werten die Geister seiner Untertanen schieden. Und dennoch bildete er unbestritten den Mittelpunkt der Stadt, ihre höchste und eindrucksvollste Erhebung. Alle anderen Häuser mit mehreren Stockwerken waren der Bezeichnung Hochhäuser unwürdig angesichts der über 230 Meter Höhendominanz des Kulturpalastes.

Aber die Zeiten haben sich geändert. Und mit ihnen das Stadtbild Warschaus. Der König von einst verschwindet fast in der zunehmend amerikanisierten Skyline der Stadt, wirkt vielmehr wie ein Sonderling vergangener Zeiten zwischen den Spiegelfenstern neuzeitlicher Banken und Bürowolkenkratzer. Fast tut er mir ein wenig leid, der Palast, dessen gewaltiger Mittelturm mit seinen vier Ausläufern einer Rakete gleicht, die geradezu dazu einlädt, auf den Mond geschossen zu werden. Viele Warschauer hätten diesen Knopf sicher auch gerne gedrückt, doch die Rakete erwies sich als zu schwer, zu träge, um abzuheben. Viele erinnert dieses einstige Geschenk Stalins an die Stadt bis heute an längst vergangene und nur allzu gern vergessene Zeiten. Damals, Anfang der 50er Jahre, reiste noch eine Delegation russischer Spezialisten zwei Wochen durch Polen, um das Typische des Landes zu erkunden und sich in dessen Seele einzufühlen. Schließlich sollte das Geschenk die Verbundenheit Russlands mit Polen symbolisieren und russischen Zuckerbäckerstil mit typischen Elementen Polens vereinigen, sozialistisch sein und doch die Volksseele zum Ausdruck bringen. „National in der Form, sozialistisch im Inhalt", wie Stalin es formulierte, der in dem Kulturpalast ein Forum sah, Kultur und Wissenschaft des Sozialismus zu präsentieren. Doch obwohl der Bau des Palastes nur drei Jahre dauerte, hatte Stalin die Eröffnung im Jahr 1955 nicht mehr erlebt. Er starb zwei Jahre zu früh.

Vor allem den polnischen Elementen widmet die Gästeführerin, die mich durch einige der Innenräume des Palastes begleitet, viel Zeit. Den Kassettendecken, die an den Krakauer Wawel erinnern sollen, den kunstvoll verzierten Holzböden und Treppenaufgängen, die angeblich den Böden polnischer Adelshäuser gleichen, oder den im Renaissancestil gehaltenen Dachverzierungen, zu welchen sich die damalige Delegation von den Krakauer Tuchhallen habe inspirieren lassen.

Und je länger ich durch einen Teil der über 3000 Räume des Palastes wandle, umso facettenreicher tritt mir der Palast entgegen. An dem wegen seines Äußeren oft allzu schnell als kommunistischer Koloss abgeurteilten Bauwerk entdecke ich in seiner Ausgestaltung überraschend eine sensible Seite, ein durchaus liebevoll komponiertes Innenleben, in dem gewaltige Marmorsäle kleinen Wohn- und Sitzungsräumen kunstvoll die Hand reichen. Doch während der monumentale Palast den Touristen den Weg ins Zentrum weist, führt er sie, sobald sie sein Inneres betreten, schon nach wenigen Minuten in ein Labyrinth, aus dem es kein Entkommen gibt. Nach fünf oder sechs Räumen und zahllosen kleinen und großen Türen muss ich mir eingestehen, dass ich verloren bin. Verloren im Bauch des Warschauer Kulturpalastes, dessen Korridore sich wie ein unübersichtliches Darmknäuel vor, hinter, über und unter mir erstrecken. Als ich der Gästeführerin mein Unbehagen mitteile, lacht sie nur beruhigend und sagt, dass es selbst den Mitarbeitern der Verwaltung so gehe. Allerdings sei es nur ein Gerücht, dass man in einem der Räume einst die Skelette verirrter Touristen gefunden habe. Den Tod brachte der Palast vielmehr auf andere Weise, indem die Aussichtsplattform im 30. Stock zu einer Art Kultort für Lebensmüde wurde, ähnlich wie die Golden-Gate-Brücke in San Francisco oder der Eiffelturm in Paris. Selbst ein Liebespärchen sei gesprungen, weil die Eltern gegen die Hochzeit waren. Irgendwann hat man dann ein Schutzgitter installiert, und die Lebensmüden mussten sich andere Wege suchen.

Doch die Fahrt mit dem Aufzug in diese Höhen lohnt sich. Es ist schon dunkel und Warschau liegt mir einem riesigen Lichtermeer gleich zu Füßen. Eine einzigartige Kulisse und der Gedanke, dass hier vor weniger als zwanzig Jahren noch der Kommunismus geherrscht haben soll, wirkt absurd angesichts der überdimensionalen Leuchtreklamen überall an den Wolkenkratzern. Manche Warschauer behaupten, dass dies der schönste Ort der Stadt sei, weil man von hier aus den Kulturpalast nicht sähe. Aber das stimmt nicht. Man muss sich nur umdrehen und nach oben schauen, dann blickt man der hell erleuchteten Spitze des Gebäudes mitten ins Gesicht. Nirgends fühle ich mich dem Palast so nahe wie hier oben.

Wir fahren mit dem Aufzug wieder nach unten und betreten durch eine eher unscheinbare Tür plötzlich den riesigen Kongresssaal, in dem über 3000 Menschen Platz finden. Hier, im Herzen des Palastes, trat alles auf, was Rang und Namen hatte in der Politik- und Kulturszene der letzten 50 Jahre. Über 11000 Veranstaltungen dokumentiert die Chronik des Palastes bis heute. Ella Fitzgerald, Miles Davis, Duke Ellington, Marlene Dietrich, alle waren sie hier, präsentierten ihre Kunst im toten Winkel des kommunistischen Antiwestens. Bisher konnte ich mir nie vorstellen, dass ein Bolesław Bierut oder ein Edward Gierek auf der gleichen Bühne auftreten konnten wie die Rolling Stones. Und selbst der Papst hielt 1987 eine Messe direkt vor dem Palast.

Der Ort hier ist unheimlich und faszinierend zugleich, weil er in seiner Geschichte zusammenbrachte, was nicht zusammengehörte. Eine Art Spiegel der Zeitgeschichte, von niemandem aufgestellt, in den doch alle hineinsahen. Aber der Spiegel glänzt nicht mehr. Längst haben andere, modernere Bühnen das Rampenlicht auf sich gezogen. Wie überhaupt der kulturelle und politische Glanz von einst dem Kapitalismus auch hier Platz machen musste. Heute kann man die meisten Säle des Kulturpalastes mieten. Für Hochzeiten Neureicher, private Partys, Bühnenshows, Ausstellungen oder Messen. Jeder, der Geld hat, darf sich vom vergangenen Glanz der Prachtsäle blenden lassen, wenigstens für ein paar Stunden.

Ein Hinweisschild zu einer Toilette erinnert mich an eine Szene aus dem polnischen Film „Kontrollierte Gespräche", in der ein Gast die Spülung zieht und plötzlich der ganze Palast in sich zusammenfällt. Es wäre schade um diesen Palast, an den sich dann doch alle gewöhnt haben. So wie die Pariser an den Eiffelturm. Ohne ihn könnte sich niemand mehr die Stadt vorstellen.

Bevor wir den Palast wieder verlassen, darf ich noch einen Blick in die Kellerräume werfen. Hier, tief unter der Erde, gehört der Palast über dreißig Katzen, die als kleine Heimatarmee das Haus vor Ratten schützen und ihren eigenen kleinen Katzenstaat haben. Nur größer darf er nicht werden, deswegen wurden alle Katzen kastriert. Eine Palastangestellte wurde damit betraut, die Katzen regelmäßig zu versorgen und zu pflegen, abhauen lohnt sich also nicht. Einen Moment lang überlege ich, einen Roman über diesen Katzenstaat im Kulturpalast zu schreiben. „Im Reich der Katzen" könnte er heißen. Und der Kulturpalast als riesiger Termitenhügel auftauchen, mit den Katzen als Königinnen im Untergrund. Doch das Klingeln des Aufzugs reißt mich aus den Träumen.

Ich verlasse den Kulturpalast durch eine schwere Holztür und trete hinaus ins Lichtermeer der Stadt. Den Kulturpalast noch eine Zeitlang im Rücken, verliere ich mich schon bald im Gewusel zwischen den Straßen und Häusern, die mir plötzlich alle so klein und unbedeutend vorkommen. Und auch die Glitzerfassaden der Hochhäuser erscheinen mir als billige amerikanische Imitate im Vergleich zu dem Palast, der trotz aller Konkurrenten in luftigen Höhen mein König geblieben ist. Mein König von Warschau.

Warschau

Das Denkmal für die Helden des Gettos

Die Umgebung hier lässt mich vergessen, dass ich mich mitten in der polnischen Hauptstadt befinde. Um mich herum reiht sich ein Wohnblock an den anderen, vor den Hauseingängen parken in geordneten Reihen die Autos, Wäsche hängt über die Balkonbrüstungen, aus einer der geöffneten Türen dringt eine Fußballübertragung.

Zwischen den Wohnblocks spaziere ich über Grünanlagen und Spielplätze, auf denen sich Kinder vergnügen. Als ich gedankenverloren eine Blechbüchse vom Rasen aufhebe, um sie in einen Abfalleimer zu werfen, stürmen drei Buben auf mich zu. Ich habe ihren Torpfosten geklaut. Ich entschuldige mich und lege die Büchse wieder hin. Kurz darauf überholt mich ein Fußball, den ich schließlich aus einem Blumenbeet fische und zurückschieße. Während die Kinder ihr Spiel fortsetzen, steige ich neben dem Beet ein paar Stufen hoch zu einem riesigen Granitblock, der von Quadern aus Beton umgeben ist und der sich in der Idylle der Wohnsiedlung ausnimmt wie ein vom Himmel gefallener Asteroid. Der Anblick der lebensgroßen Figuren, die in den schwarzen Stein gehauen sind, lässt mich erschaudern. Ich finde keinen Weg von den fußballverzückten Kindergesichtern zu diesen vom bevorstehenden Kampf gezeichneten Gesichtern auf dem Denkmal. Im Ausdruck entschieden und doch von Angst geprägt, blicken zwei ältere Männer nach vorn, neben ihnen zwei Kinder mit Messern und Schusswaffen in ihren Händen, sichtbar bereit, im Gefecht ihr Leben hinzugeben. Eine Frau mit entblößter Brust hält ein kleines Baby im Arm, das sie mit der anderen Hand vor den bedrohlichen Flammen des Häuserkampfes schützt. Das berühmte Gemälde von Delacroix fällt mir ein, die Allegorie der Freiheit mit der nackten Brust und der französischen Fahne. Doch damals war der Kampf nicht vergeblich, wurde der Mut mit dem Sieg belohnt. Hier dagegen, als am 19. April 1943 der Aufstand der Juden im Warschauer Getto ausbrach, um sich in aussichtslosem Kampf den deutschen Besatzern entgegenzustellen, fand das Wunder nicht statt. Die Helden überlebten, aber nur in den Geschichtsbüchern. Was bleibt, ist die Erinnerung, von dem Bildhauer Natan Rappaport in Granit geschlagen, hier in dieser Wohngegend, in der einst das Getto stand. Genau an dieser Stelle schossen die Aufständischen zum ersten Mal auf die Nationalsozialisten, die daraufhin mit Artillerie und Panzern ins Getto einrückten. Selbst in die Abwasserkanäle wurde Giftgas eingelassen, um jede Flucht unmöglich zu machen. Das Getto sollte unter Führung von SS-General Stroop aufgelöst und alle Juden sollten sofort getötet oder nach Treblinka gebracht werden. Nach vier Wochen war der Kampf vorbei, dann schrieb Stroop am 16. Mai an Generalgouverneur Frank in Krakau: „Es gibt keinen jüdischen Wohnbezirk in Warschau mehr."

An den Seiten des Denkmals stehen zwei steinerne, von Löwen flankierte, siebenarmige Leuchter, welche auf ihre Weise die Inschrift im Sockel auf ewig beleuchten: *Dem jüdischen Volk – seinen Kämpfern und Märtyrern.* Aber Rappaport hat auch jene nicht vergessen, die ohne Kampf in den Tod gezogen sind und schweigend ihren Weg nach Treblinka angetreten haben. Auf der Rückseite des Denkmals finde ich sie in einem Flachrelief verewigt, junge und alte Juden, die mit gesenktem Haupt und begleitet von einem Rabbiner dem Tod entgegengehen. In einem Interview sagte Marek Edelman, einer der letzten überlebenden Kommandeure des Aufstandes, zu der Schriftstellerin Hanna Krall: „Es ist ja viel leichter, schießend zu sterben, als für einen Menschen, der auf den Waggon zugeht und dann im Waggon fährt und dann eine Grube für sich gräbt und sich dann nackt auszieht …“ Vielleicht hat Rappaport das anders gesehen, denn die Darstellung des Todes auf der Rückseite des Denkmals ist ungleich schmuckloser als der heroische Kampf auf der Vorderseite. Während die Aufständischen ihren Weg in die Geschichtsbücher gefunden haben, bleiben die Gesichter der Namenlosen, die tagtäglich vom Getto aus über den Umschlagplatz nach Treblinka abtransportiert wurden, im Dunkeln, im Schatten der Kämpfer. Eine Chance zu überleben hatten sie beide nicht.

Lech Wałęsa meinte einmal, dass es sich bei dem Gettoaufstand um den polnischsten aller Aufstände gehandelt habe, weil er am aussichtslosesten war. Dabei waren es Juden, die gar nicht ums Überleben kämpften, sondern nur, um mit ihrem Kampf ein Ausrufezeichen in die Welt zu setzen und ihrem sicheren Tod in Treblinka zuvorzukommen. Die Polen hatten bestenfalls Mitleid mit den Juden, denen sie einen solchen Aufstand nicht zugetraut hatten. Nicht einmal die polnische Untergrundarmee kam den Kämpfenden zur Hilfe. Und während innerhalb der Mauern die Menschen zu Tausenden an Hunger und Erschöpfung starben, drehte sich draußen, direkt vor der Mauer, ein Karussell. Ich erinnere mich an eine Strophe aus dem Gedicht „Campo di Fiori“ des polnischen Literaturnobelpreisträgers Czesław Miłosz, in der es heißt:

Ich dachte an Campo di Fiori
In Warschau an einem Abend
Im Frühling vor Karussellen
Bei Klängen munterer Weisen.
Der Schlager dämpfte die Salven
Hinter der Mauer des Gettos
Und Paare flogen nach oben
Hinauf in den heiteren Himmel.

Und noch während ich mir diese Zeilen ins Gedächtnis rufe, erblicke ich unweit des Denkmals ein kleines Mädchen, das auf der Schaukel eines Spielplatzes in den Himmel fliegt. Das Vergnügen hat sich nicht verändert. Nur die Umgebung. Und die Umstände, unter denen es stattfindet.

Anscheinend hat eine der Mannschaften ein Tor geschossen, denn aus einigen Fenstern der Häuser ertönt lautes Jubelgeschrei. In meinem Kopf vereint es sich mit den Todesschreien der Aufständischen im Getto. Über 60 Jahre liegen zwischen diesen Schreien. Nur das Denkmal verbindet sie. Vielleicht ist gerade dies die Aufgabe eines Denkmals. So verschiedenartige Schreie in verschiedenen Zeiten zu verbinden. So verschieden, wie die ursprüngliche und heutige Bestimmung des Denkmals. Eigentlich hatten die Nationalsozialisten den schwedischen Granitblock für ein Siegesdenkmal in Berlin geordert, doch nach dem Krieg fiel der Block in polnische Hände und man beschloss, aus ihm ein Denkmal für die Aufständischen im jüdischen Getto zu fertigen, das schließlich am fünften Jahrestag der Niederschlagung eingeweiht wurde. Die Materie ist immer die gleiche geblieben. Nur ihre Verwendung hat sich verändert.

Das Denkmal macht auf mich großen Eindruck. Vielleicht, weil ich Deutscher bin. Vielleicht aber auch, weil ich nicht viele Denkmäler kenne, die derart im Alltag der Gegenwart die Erinnerung an Vergangenes aufrechterhalten. Am liebsten würde ich eines der Kinder fragen, was es über das Denkmal weiß. Doch darum geht es nicht. Sie werden es lernen eines Tages. In der Schule aus Schulbüchern. Und sie werden weiter Fußball spielen, weiter auf der Schaukel in den Himmel fliegen.

Neben dem Denkmal steht eine Bank, auf der eine alte Frau sitzt und strickt. Den Stock neben sich gelehnt, blickt sie kaum auf, strickt mit gesenktem Kopf und mechanischer Bewegung an einem Schal. Vielleicht sitzt sie nur zufällig hier. Vielleicht strickt sie aber auch ihre Erinnerungen in den Schal, Masche für Masche zurück in vergangene Zeiten. Ich setze mich für ein paar Minuten zu ihr und schließe die Augen. Ich lasse Willy Brandt ein zweites Mal niederknien vor den erstaunten Fotografen, die ihren Augen nicht trauten, damals im Dezember 1970. „Ich hatte nichts geplant“, schrieb Brandt später in seinen Erinnerungen, aber dieser Ort schien die Geste zu erzwingen. In Polen wurde diese Geste lange Zeit totgeschwiegen, damals nicht in den Nachrichten erwähnt und das Foto nur in einer kleinen Zeitung publiziert. Ein kniender Bundeskanzler aus dem Westen passte der polnischen Propaganda nicht ins Deutschlandbild. Und noch dazu vor einem jüdischen Denkmal. Die falsche Geste vor dem falschen Denkmal. In Westdeutschland dagegen fehlte das Bild in kaum einem Schulbuch, wurde zum Sinnbild deutsch-polnischer Verständigung. Irgendwie kannte ich Willy Brandt zu meiner Schulzeit nur kniend. Das Denkmal hingegen habe ich damals kaum beachtet.

Jetzt schließt sich der Kreis, und auch ich erhebe mich wieder, lasse die alte Frau zurück, die spielenden Kinder und den Blick der Aufständischen, der mich noch eine Weile begleitet. Vielleicht werde ich mich an das Mädchen auf der Schaukel länger erinnern als an das Denkmal. An die Gesichter der Buben länger als an die Gesichter der Kämpfer. Doch das Denkmal wird im Hintergrund immer aufscheinen. Als Warnung, die Fröhlichkeit nicht zu missbrauchen.

Der Park und das Genie. Das Geburtshaus von Fryderyk Chopin

Lange schon habe ich die Skyline von Warschau hinter mir gelassen. Die modernen Hochhäuser und mehrspurigen Straßen der Hauptstadt sind längst den kleinen Dörfern und weiten Feldern der Landschaft Masowiens gewichen. Der Pulsschlag der Großstadt verlangsamt sich allmählich, meine Gedanken widmen sich ausschließlich den riskanten Überholmanövern der LKWs auf der engen Landstraße. In keinem größeren Land Europas gibt es so wenige Autobahnkilometer wie in Polen, weshalb der Verkehr auf den Landstraßen ungewöhnlich dicht ist. Doch je weiter ich Richtung Westen fahre, umso einsamer wird meine Reise und umso intensiver nehme ich die herrliche Winterlandschaft um mich herum wahr. Eine würdige Gegend, um ein Genie zur Welt zu bringen.

Nach knapp 60 Kilometern biege ich auf den Parkplatz des kleinen Ortes Żelazowa Wola ein. Obwohl zu dieser Jahreszeit nur zwei weitere Autos auf dem Parkplatz stehen, findet sich immer noch ein Parkwächter, der die Gebühr kassiert. Dann überquere ich die Straße, passiere ein großes Eisentor mit der Aufschrift *Kasa* und stehe plötzlich inmitten eines gewaltigen Parks. Hier ist es also. Jenes Landgut der Grafenfamilie Skarbek, auf dem Fryderyk Chopin im Jahr 1810 zur Welt kam. Fern der polnischen Hauptstadt, zwischen Kastanien- und Lindenbäumen, in der Nähe eines kleinen Flusses und eines Teiches. Der Park wirkt auf mich staatenlos, als exterritoriales Gebiet, abgeschottet von der Welt um ihn herum. Schreibe ich Chopin oder Szopen? Hier in dieser Idylle scheint mir die Frage abwegig. Freilich, im Faltblatt zum Geburtsort ist vom größten polnischen Komponisten die Rede. Die ersten zwanzig Jahre seines Lebens hat Chopin in diesem Land verbracht, bevor er nach Frankreich ging und dort nach weiteren 19 Jahren starb. 20 Jahre Polen, 19 Jahre Frankreich. Die Rechnung ist lächerlich. Genauso gut könnte die Frage lauten: Was ist wichtiger? Das Herz oder der Rest? Sein Herz liegt in Warschau begraben, der Rest auf dem Friedhof Père Lachaise in Paris. Während seine Mutter Justyna eine Polin war, die als Cousine der Eigentümer des Gutes hier lebte, war sein Vater Nicholas Franzose, der hier als Lehrer und Erzieher der Kinder des Landgrafen wirkte. Ein polnischer Patriot allerdings, der schon wenige Jahre nach seiner Ankunft in Polen 1787 unter Kościuszko an den polnischen Aufständen teilnahm. Ich hänge die Frage nach der Nationalität von Chopin an einen der verschneiten Äste und lasse sie dort zurück. Sie verlangt hier nicht nach einer Antwort.

Während im Sommer die Touristenmassen diesen Ort bevölkern, herrscht jetzt, im Dezember, Totenstille. Ein Eichhörnchen turnt vor mir in einem Strauch und selbst mit einer Nuss in den Pfötchen bereiten ihm die Sprünge zwischen den Zweigen keinerlei Schwierigkeiten. Als ich mich nähere, hält es kurz inne, flüchtet aber keineswegs. Wahrscheinlich hat es sich an die Menschen hier gewöhnt. Und an die Musik, die jeden Sonntag im Frühjahr und Sommer von einem kleinen Flügel im Geburtshaus erklingt und die Menschen draußen im Park in andächtiges Schweigen hüllt. Allwöchentlich wird so der Geist von Chopin an diesem Ort heraufbeschworen, auf diese Weise seines Schaffens gedacht. Doch ich fühle mich in der Stille des Winters wohler. Die Magie des Ortes gewinnt durch die Einsamkeit, und im Schnee steht die Zeit still.

Ich bin überrascht, wie klein das Geburtshaus von Chopin ist, das zu den meistfotografierten Gebäuden des Landes gehört. Wie durch ein Wunder hat es die Zerstörung des gräflichen Landhauses im Ersten Weltkrieg überstanden. Später wurde dann der Park angelegt und 1949, pünktlich zum 100. Todestag des Komponisten, das Geburtshaus wieder dem Volke zugänglich gemacht. Seitdem strömt jeden Sommer eine endlose Schar von Touristen durch die sechs im Rechteck aneinandergereihten kleinen Zimmer, jedes mit einem Fenster in den Garten. Als ich die Frau an der Kasse frage, woher die meisten Bewunderer kommen, lacht sie nur und zählt mir zwanzig Länder auf. Japan, China, Amerika, Korea, Polen, Deutschland und so weiter. Woher die meisten kommen, wisse sie nicht, sagt sie und fügt hinzu: „Die ganze Welt liebt ihn."

Nur sieben Monate verbrachte der kleine Frycek, wie ihn seine Mutter nannte, in diesem Haus, bevor die Familie nach Warschau zog. Und trotzdem wurde der Ort zu einer Kultstätte des Landes, bedeutender als das spätere Wohnhaus der Familie in Warschau, obwohl sich in dem dortigen Museum noch Stücke aus ihrem Originalbesitz befinden. Hier dagegen finde ich nur angesammelte Einrichtungsgegenstände aus dem 19. Jahrhundert, die sich angestrengt bemühen, einen Hauch von einstiger Familienwärme zu verbreiten. Auch die an den Wänden hängenden Gemälde und Briefe stellen lediglich Kopien jener wertvollen Originale dar, die überall auf der Welt verteilt sind. Aber was hätte ein sieben Monate altes Baby hier auch hinterlassen können? Einen Moment überlege ich, ob in Amerika irgendwo eine Originalwindel in einer Glasvitrine ausgestellt worden wäre, verwerfe aber den Gedanken angesichts eines riesigen Blumenstraußes, der in einer Nische im Zimmer der Mutter an den konkreten Geburtsort des Komponisten erinnert. Außer mir befindet sich niemand in dem Museum. Die Antwort auf die Frage, wann das Baby zur Welt kam, bleibt bis heute ein Geheimnis. Der 22. Februar 1810 konkurriert mit dem 1. März, in den Prospekten stehen beide Daten als Geburtstag. Ich möchte die Zeit zurückdrehen, dabei hier stehen bleiben, und die Antwort erfahren. Und für einen Moment verschwinde ich in die Vergangenheit, ohne jedoch mit einer Antwort zurückzukehren.

Draußen fegt ein kalter Wind zwischen den Bäumen, deren Äste den Pulverschnee freigeben. Die Polen sagen, das leichte Rauschen der Weiden Masowiens und das Plätschern der Flüsse dieser Region seien in den Klängen der Musik Chopins verewigt worden, ebenso wie die Masurken und Polonaisen der hiesigen Landbevölkerung. In gewisser Weise haben sie Recht. Allein den Winter vermag ich der Musik nur schwer zuzuordnen. Dabei kehrte Chopin auch aus Warschau immer wieder auf dieses Gut zurück, auch im Winter. Einen Brief aus Żelazowa Wola zu Weihnachten 1825 an seinen Freund Jan begann er begeistert mit den Worten: „Du würdest nie erraten, woher dieser Brief dich erreicht ... Du denkst vielleicht, ich schreibe ihn aus irgendeinem Zimmer des Pavillons beim Kazimierz-Palast? Oder vielleicht im … Nein, gib's auf, du errätst es nicht, ich bin in Żelazowa Wola!“

Ich verlasse das Geburtshaus von Chopin und spaziere noch eine Zeitlang durch den Park, während ich mir die Klänge seiner Musik ins Gedächtnis rufe. Die in Eis getauchten Äste und Sträucher scheinen so unwirklich, dass es mich nicht wundern würde, plötzlich hinter einem Baum dem Geiste des Genies gegenüberzustehen. Doch die Begegnung bleibt aus. Stattdessen treffe ich am Kiosk in der Nähe des Ausgangs auf Gipsköpfe des Komponisten. Daneben bieten sich Fingerhüte, bemalte Tellerchen, Holznotenschlüssel und andere Werbeträger als Souvenirs an. Doch ich brauche keinen Gipskopf, um mich an diesen Park mit dem kleinen Geburtshäuschen zu erinnern. Er wird mir auch so im Gedächtnis bleiben.

TIMEX

Ort ohne Ort I

Die Werkstatt des Uhrmachers

Dieses Foto gehört zu keinem Ort. Und es gehört auch in kein Buch. Es ist ein schlechtes Foto, ohne Schärfe, durch eine Schaufensterscheibe geschossen, in der sich die Straße spiegelt. Ich kann mich nicht mehr erinnern, in welcher polnischen Stadt oder in welchem Dorf ich es gemacht habe. Ich weiß nur, dass ich damals stehen geblieben bin vor diesem Fenster und fasziniert das Innere des Ladens beobachtet habe. Einen Uhrmacher, der ab und zu hinter diesem Fenster auftauchte, sich auf seinen Schemel setzte und die Uhr eines Kunden mittels einer Maschine öffnete. Er holte irgendetwas Kleines aus seiner Schublade, hantierte damit herum, um dann wenige Minuten später den Gehäusedeckel wieder zu schließen. Schließlich verließ er den Raum, um durch eine kleine Tür nebenan hinter den Tresen zu treten, wo der Kunde darauf wartete, seine Uhr wieder in Empfang nehmen zu können.

Ich weiß nicht mehr, wie lange ich diesen Vorgang beobachtete. Er wiederholte sich, immer wieder. Manchmal dauerte es länger, bis der Uhrmacher wieder zum Kunden zurückkam, manchmal kürzer. Meistens sprach er noch ein wenig mit dem Kunden. Viele kannte er anscheinend. Ich stand wohl über eine halbe Stunde vor dem Fenster, vielleicht auch länger. Ich vergaß die Autos und Passanten um mich herum, den Ort, woher ich kam und wohin ich wollte. Ich wurde für einen Augenblick ein Teil dieser Werkstatt, die mich herausriss aus der Gegenwart und eine Reise antreten ließ in alte Zeiten.

Beim Anblick der vielen Uhren erinnerte ich mich an den Roman „Momo“, in dem die „Grauen Herren“ anderen Menschen die Zeit stahlen, um sie in Zigarren zu speichern. Hier schien ein älterer Herr Zeit zu verteilen, den Kunden die Ruhe zurückzugeben, die ihnen draußen auf der Straße abhanden gekommen war. Wie viel mochte wohl eine Stunde kosten bei diesem Herrn, um dessen Auge sich ein großer Ring abzeichnete, den das häufige Tragen des Okulars hervorgerufen hatte?

Irgendwann betrat ich dann selbst den Laden und stellte mich vor den Tresen. Der Uhrmacher selbst befand sich gerade in seiner Werkstatt nebenan, so dass ich überlegte, die kleine Klingel zu bedienen, die sich auf dem Tresen befand. Doch diese Klingel ließ einen schrillen Klang vermuten, der so gar nicht in diesen Raum passte, und so zögerte ich, wartete, bis der Uhrmacher von selbst auf mich aufmerksam wurde. Schließlich kam er aus der Werkstatt zur Kasse und erkundigte sich überrascht, ob ich schon lange wartete. Als er mich nach meinem Wunsch fragte, setzte ich eine betretene Miene auf, erzählte etwas von einem Artikel, den ich über Polen schreiben wollte, und der Faszination, die diese kleine Werkstatt auf mich von der Straße her ausgeübt hatte. Ich endete mit der Frage, ob es möglich sei, ein Foto von dieser Werkstatt zu schießen, als kleinen Beleg dafür, dass noch nicht alle kleinen Handwerker in Polen kapituliert hätten vor den großen Konzernen, dem Billigangebot an Uhren in Supermärkten und Kaufhäusern, die Reparaturen überflüssig machten. Er schaute mich etwas ungläubig an, lachte kurz, und erwiderte dann in freundlichem Ton, dass ich selbstverständlich ein Foto machen könne. Jeder dürfe ein Foto machen, schließlich könne er das nicht verbieten. Nur in seine Werkstatt, da dürfe niemand hinein, denn das sei sein Reich, zu dem außer ihm und seiner Frau, bevor sie starb, niemand Zutritt habe. Wenn ich ein Foto machen wolle, bitte schön, aber von draußen.

Und so entstand dieses Foto, das so gar nichts mit Polen zu tun hat. Wahrscheinlich gibt es solche Orte noch in jedem Land und vielleicht sogar in jeder Stadt. Und wahrscheinlich fallen sie jedem auf. Auf die eine oder andere Weise. Doch kaum ein anderes Land hat die Strecke zwischen dieser kleinen Werkstatt und den riesigen Kaufhäusern und modernen Nobelgalerien so schnell zurückgelegt wie Polen. Orte wie diese sind verschwunden oder verstecken sich. Man kann sie nicht suchen, sondern muss sie finden. Und wenn man sie findet, bleibt man stehen. Aus Respekt. Oder aus Bewunderung für den Widerstand, den sie leisten. Sie zu fotografieren ist unmöglich. Sie verweigern sich selbst der Kamera, denn was sie ausmacht, lässt sich nicht fotografieren. Und der Uhrmacher hier wusste das. Darum musste dieses Foto misslingen.

Eine alte Fabrik in neuen Kleidern

Während einem meiner Spaziergänge durch Lodz stoße ich im Süden der Stadt auf ein altes, halb verfallenes Fabrikgelände. Ein riesiger Schornstein aus roten Ziegeln mit zwei weißen Streifen an der Spitze hat mir den Weg gewiesen, mich in seinen Bann gezogen auf der Suche nach den Spuren aus alten Zeiten, fernab des kommerziellen Trubels auf der Piotrkowska-Straße. Die Fabrik liegt vor mir wie ein unbeerdigter, aber dennoch halbwegs konservierter Leichnam, der irgendwie übrig geblieben ist, unbeachtet und vergessen, ein stummer Zeuge aus vergangenen Tagen dieser Stadt, deren Größe es sich heutzutage leisten kann, hier und dort mal einen Flecken sich selbst zu überlassen.

Es fällt mir schwer zu glauben, dass vor zweihundert Jahren hier in Lodz gerade mal 800 Menschen lebten. Ein Dorf mit Stadtrechten sozusagen, bevor Anfang des 19. Jahrhunderts Tuchmacher und Weber aus dem Westen angeworben wurden, die dieses Dorf zu einem der größten Textilimperien Europas ausbauten. Vor allem deutsche und jüdische Kaufleute trieben die industrielle Entwicklung voran. Innerhalb weniger Jahrzehnte entstand auf diesem Flecken Polens eine Textilfabrik nach der anderen, bis sich alles irgendwann zu einer riesigen Stadt zusammenfügte, strukturierte, sich einem Geschwür gleich zu einem gigantischen Produktionshaufen entwickelte, der seine Ware in aller Herren Länder exportierte. Russland, Persien und China gehörten zu den Hauptkäufern, als Lodz Mitte des 19. Jahrhunderts bereits die zweitgrößte Stadt im russisch beherrschten Königreich Polen war. Doch das „Gelobte Land“ erwies sich als ein Paradies auf Zeit. Und diese war schneller als die Entwicklungsmöglichkeiten der Textilindustrie. So ist heute nicht mehr übriggeblieben als ein paar rostige Rohre und eingeschlagene Scheiben abseits der Hauptstraßen. Nur einige wenige Paläste der einst millionenschweren Fabrikbesitzer haben als Museen überlebt, die meisten der alten Fabriken hingegen sind längst neuen Industriekomplexen gewichen, modernen Einkaufsgalerien, Kinocentern oder Bürobauten.

Hier, am Eingang zu einer dieser Fabriken, spüre ich noch einen Hauch jener alten Zeiten. Und fast wundere ich mich, als ich an der Pforte tatsächlich noch einen lebenden Pförtner antreffe, anstelle der Spinnweben und Staubschichten, die ich beim Drücken der Türklinke eigentlich erwartet hatte. Als ich den Herrn frage, ob ich einen Blick in die Fabrik werfen dürfe, greift er zum Telefon und bittet einen Herrn Kubala an die Pforte. Als ich beim Pförtner nachfrage, was in der Fabrik heute noch produziert wird, zuckt er nur die Schultern. Dies und das. Mehr nicht. Dann kommt auch schon Herr Kubala.

Zu meiner großen Überraschung freut sich Herr Kubala, dass sich ein Deutscher für diese Fabrik interessiert. Noch auf dem Vorplatz erzählt er mir die Erfolgsgeschichte dieses großen Komplexes, der einst zu den bedeutendsten in Lodz zählte und dem Großindustriellen Karl Scheibler gehörte. Lodz wäre ohne Persönlichkeiten wie Scheibler, Ludwig Grohmann oder Izrael Poznański nicht Lodz, sagt Herr Kubala und spricht die Namen so ehrfurchtsvoll aus wie Kinder heutzutage die Namen von Fußballstars. Und noch während wir in der Kälte auf dem Vorplatz stehen, erzählt er mir von den unterschiedlichen Charakteren dieser Textilgiganten, ihren Stärken und ihren Schwächen, ihren Marktstrategien und Charaktereigenschaften. Scheibler war Rationalist, immer auf Sparsamkeit und Ökonomie bedacht, weshalb die Gebäude hier auf dem Gelände eng und platzsparend aneinandergebaut wurden. Kein Pomp, keine Verzierungen, allein der Pragmatismus entschied über die Art der Architektur und der Produktionsmechanismen. Ganz im Gegensatz zu den Fabriken des Konkurrenten Poznański, der als unorganisiert galt und auf Äußerlichkeiten bedacht war. Schon am Tonfall des Herrn Kubala kann ich spüren, dass Poznański der gegnerischen Mannschaft angehörte.

Nach einem kurzen Spaziergang über das Gelände führt mich Herr Kubala durch eine schwere Eisentür ins Innere der Fabrik. Zwei Fabrikarbeiter kommen uns entgegen mit einem Sackkarren voller Stoffballen, die in einen LKW verladen werden. Als ich Herrn Kubala frage, was in dieser Fabrik heute noch produziert wird, bekomme ich wieder die gleiche Antwort wie an der Pforte. Dies und das. Und er fügt hinzu, dass sich einige Privatfirmen der hier noch existierenden Maschinen bedienen, um kleine Handelsgeschäfte zu betreiben. Stoffe werden gebleicht oder gefärbt, Muster gedruckt und alles in kleinem Stil vertrieben. Obwohl angeblich noch knapp hundert Personen auf dem Gelände tätig sind, habe ich außer den beiden Arbeitern noch niemanden gesehen. Umso überraschter bin ich, als wir eine riesige Produktionshalle betreten, in der tatsächlich noch meterhohe, einer anderen Zeit entstammende Monstermaschinen Stoffe bearbeiten und färben. Dinosaurier, fährt es mir durch den Kopf. Echte Dinosaurier. Für einen Moment verlasse ich mein Jahrhundert, fühle mich zurückversetzt in eine andere Zeit, eine andere Welt. So muss es hier ausgesehen haben, vor hundert

Jahren vielleicht, oder hundertfünfzig. Überall stehen alte Wannen herum, darin stinkende Flüssigkeiten, manchmal überdeckt mit einer Schicht aus Staub und Dreck. Ich kenne mich nicht aus mit Webmaschinen, mit Farben oder Bleichvorgängen. Aber es grenzt doch an ein Wunder, dass es hier zweifelsohne noch Strom gibt, auf den diese Monstermaschinen reagieren. Ob die zahllosen Anzeigen, Knöpfchen und Drehräder tatsächlich noch funktionieren, weiß ich nicht, hüte mich aber davor, irgendwo draufzudrücken. Ein endlos langer Stoffstreifen verschwindet nach und nach im Rachen einer Maschine, um zehn Meter weiter wieder in eine der großen Wannen ausgespuckt zu werden. Daneben sitzt ein Arbeiter auf einem Hocker und beobachtet, eine Zigarette rauchend, den Vorgang. Ob ich fotografieren darf, frage ich Herrn Kubala, doch er schüttelt den Kopf. Besser nicht. Und so fotografiere ich heimlich.

Was in diesen Hallen wirklich passiert, wird mir wohl immer ein Geheimnis bleiben. Ein schönes Geheimnis, denn dessen Lüftung wäre sicherlich mehr als banal. Aber diese Reise in eine andere, viele Jahre zurückliegende Zeit verursacht bei mir ein Kribbeln auf der Haut, ruft Nostalgiegefühle hervor. Und ich ertappe mich plötzlich dabei, dass mir die ganze Zeit, während Herr Kubala versucht, mir die Geräte zu erklären, der Mund offen steht. Eigentlich möchte ich gar nichts mehr wissen, nur zuschauen und diese Luft atmen, die ebenfalls einem anderen Jahrhundert zu entstammen scheint.

Über eine äußerst gewagte, da ziemlich haltlos montierte Treppe mit verrostetem Gitter steigen wir ein Stockwerk höher. Und erneut traue ich meinen Augen kaum. Zwischen uralten Dampfkesseln und anderen Maschinen erblicke ich Jungen und Mädchen mehrerer Schulklassen, die an Kletterwänden ihr Können ausprobieren.

Gesichert an Seilen erinnern sie mich an Spinnen, die über diesen Fabrikraum hergefallen sind, die Dampfkessel, Rohre und Apparaturen in Beschlag genommen haben. Neue Zeit frisst alte Zeit. Und das vor meinen Augen. Aus dem Augenwinkel sehe ich, wie Herr Kubala über mein erstauntes Gesicht schmunzelt. Natürlich wusste er, dass ich so was nicht erwartet hatte. Aber warum eigentlich nicht? Er erzählt mir, dass ein Unternehmen diese Halle gemietet habe, um für Schulen und Firmen die Kletterwände für Sportunterricht oder Selbsterfahrungskurse anzubieten. Das Ambiente ist zweifelsohne einmalig und gibt dem Klettern seinen besonderen Reiz. Ich verkneife mir die Frage, ob schon mal jemand in einen der Kessel gefallen sei oder von einer der Apparaturen aufgespießt wurde. Das gehört sich nicht. Nicht hier, in diesem Moment. Also gebe ich mich der Faszination hin, bestaune die alten Fenster, die an einigen Stellen ausgetauscht wirken, und den großen Kessel mit der Aufschrift AEG. Herr Kubala erzählt mir, dass das ganze Gelände und die Fabrik unter Denkmalschutz stünden und keine, auch noch so kleine Veränderung ohne Genehmigung vorgenommen werden dürfe. Nicht mal die Reparatur einer Fensterscheibe. Und so müssen diese beiden Welten miteinander auskommen. Die neue und die alte. Die denkmalgeschützte und die auf Fortschritt bedachte.

An keinem Ort Polens bin ich diesem Phänomen noch mal so nahe gekommen wie hier in dieser alten, so verlassenen und ihrer Zeit entrückten ehemaligen Textilfabrik, in deren Innerem sich ein moderner Kletterpark angesiedelt hat.

Ich verabschiede mich von Herrn Kubala und verabschiede mich zugleich von diesem Ort, nicht ohne noch einen Blick auf das Schild am Eingang zu werfen. *Gelobtes Land* steht darauf, und für einen

Augenblick erhebt sich vor mir das Szenario des berühmten gleichnamigen Romans von Władysław Reymont. Doch der Name hier steht weder für den Roman noch für die Fabrik. Die Firma des Kletterparks hat ihn sich ausgeborgt und wirbt damit für ihr Angebot. So ändern sich die Ziele.

Das Reich eines Reichen. Der Poznański-Palast

Gewaltig erhebt sich der Palast des einstigen Großfabrikanten Izrael Poznański hinter einer Kreuzung im Zentrum von Lodz. Das Bauwerk lässt keinen Zweifel daran, in wessen Händen einst die Macht in dieser Stadt lag. Um ein Foto von dem Palastkomplex zu machen, muss ich mitten auf die viel befahrene Kreuzung hinaustreten, und selbst dann reicht der Weitwinkel nicht aus, das Bauwerk und die angrenzende ehemalige Fabrik in Gänze zu erfassen. Von hier aus erinnert das Bauwerk mit seinen beiden Kuppeln ein wenig an das Musée d'Orsay in Paris.

Mag dieser Palast auch nur ein Beispiel sein von vielen, die noch heute in Lodz von der Blüte vergangener Zeiten zeugen, so repräsentiert er doch eindrucksvoll die Bauweise jener steinreichen Fabrikbesitzer, die Ende des 19. Jahrhunderts das Gesicht der Stadt prägten. Hinter diesem Bauwerk, das als die größte Fabrikantenresidenz in Polen gilt, musste ein im Geld schwimmender Auftraggeber stehen, dem es weder an Phantasie noch an Größenwahn mangelte, um so einen riesigen Palast mitten im Lodzer Stadtzentrum zu platzieren. „Die Stadt bin ich", muss er bei sich gedacht haben, und so hat er den Herrschaftssitz dann auch gebaut. Eine bekannte Anekdote besagt, dass Poznański auf die Frage, in welchem Stil er seinen Palast erbaut haben möchte, geantwortet haben soll: „In allen". Und sein Vermögen, das Ende des 19. Jahrhunderts auf 21 Millionen Rubel geschätzt wurde, setzte der Phantasie des beauftragten Architekten keine Grenzen.

In der Eingangshalle stehe ich einer eindrucksvollen Jugendstiltreppe in Holzkonstruktion gegenüber, die mich, ausgelegt mit einem roten Teppich, in den ersten Stock geleitet. Oben angekommen, trete ich ein in einen neobarocken Speise- und Ballsaal, der mich eher an ein französisches Schloss erinnert als an eine Fabrikantenresidenz. Überall stoße ich hier auf Wandbilder, kunstvolle Glasfenster, Holzvertäfelungen, Stuckaturen, Spiegel, und Kronleuchter. Kein Wunder, dass die Lodzer diesen Palast gerne als ihren Louvre bezeichnen. Und je länger ich durch die Räume wandle, umso mehr vergesse ich, wo ich mich eigentlich befinde. Das Innere dieses Palastes weist über sein Äußeres hinaus in eine andere Welt, enthebt sich der Stadt, in die er nur zufällig eingebettet scheint, und strebt nach Europa. Nur die Figuren an den Wänden, die sich mir bei genauerer Betrachtung als Allegorien für Arbeit, Industrie und Reichtum offenbaren, machen mir den eigentlichen Ursprung des Palastes wieder bewusst. Und auch der Pfau über einem Kamin passt zur Aura dieses Gesamtkunstwerks. Stolz muss er gewesen sein, der Fabrikant Poznański, und nicht gerade bescheiden.

Sein erstes Geld verdiente er noch, indem er Garne und Gewebe seines späteren Konkurrenten Scheibler verkaufte. Später investierte er das Geld in eigene Fabriken und Webereien, die er nach und nach zu einer eigenen Stadt in der Stadt ausbaute. Und wäre Poznański nicht Jude, sondern Amerikaner gewesen, hätte seine Karriere wohl für den Inbegriff des amerikanischen Traumes gestanden. Einer von vielen, wie die Paläste der beiden anderen großen Fabrikantenfamilien in Lodz, Grohmann und Scheibler, belegen. Während sie zu Lebzeiten noch miteinander konkurrierten, finde ich sie heute in Bronze gegossen, friedlich diskutierend in der nahe gelegenen Piotrkowska-Straße an einem Tisch sitzen. Unweit von dieser Gruppe begegne ich weiteren Persönlichkeiten der Stadt, die weit über deren Grenzen hinaus gewirkt haben. Den Schriftsteller Julian Tuwim treffe ich auf einer Bank in ein Buch vertieft, etwas weiter den Komponisten Arthur Rubinstein, der für zwei Złoty die gusseisernen Tasten seines Klaviers zum Klingen bringt. Alle haben sich im Poznański-Palast wieder eingefunden, über die Zeiten hinweg vereint in einer Dauerausstellung im ersten Stock, die sich der bedeutendsten Persönlichkeiten der Stadt angenommen hat. Neben den Manuskripten und Erstausgaben des deutschen Übersetzers Karl Dedecius haben es mir besonders die Originalabgüsse der Hände von Rubinstein angetan. Schöne Hände, und für einen Moment erweiche ich ihren Gips, entführe sie aus der Vitrine und lasse sie über den Flügel gleiten, der im Raum steht. Fürs Klavierspielen reichen die Hände, den Rest braucht es nicht. Ein wenig überrascht betrachte ich die Oscarstatue, die sich zwischen all den Auszeichnungen, Orden, Anzügen und original Toilettenartikeln in einer Vitrine befindet. Auch das hat er also geschafft, als bester Schauspieler in dem Film „L'amour de la vie" aus dem Jahr 1969. Überhaupt mag die Liebe in Rubinsteins Leben eine besondere Rolle gespielt haben, denn in der deutschsprachigen Broschüre zur Ausstellung lese ich über ihn: „Ein begabter Pianist, weltberühmter Virtuose, ein Mensch, der das Leben, die Musik und die Mitmenschen sehr geliebt hat". Die Welt, so habe ich den Eindruck, erwidert diese Liebe, denn zwei Schulklassen stürmen den Raum. Dabei hat es den Schülern die Oscarstatue besonders angetan und ich frage mich, ob sie nicht mit einem falschen Eindruck die Ausstellung verlassen werden …

Ich verabschiede mich und kehre über die Gemächer der Frau von Poznański zur Eingangshalle zurück. Kein Zweifel, wer durch diesen Palast spaziert, geht der Stadt Lodz durch den Kopf, erkundet die Pfade der Erinnerung dieser Stadt, lässt Industrie- und Kulturgeschichte eins werden. Und während ich noch über diesen Zusammenhang nachdenke und auf die Straße hinaustrete, holt mich der Trubel in der ehemaligen Fabrik nebenan zurück in die Gegenwart. Die historische Fabrikhalle wurde von einer französischen Firma in ein riesiges Einkaufs- und Vergnügungszentrum mit Multiplexkino und Schwimmbad umgewandelt. Ich überlege, ob der Unternehmer Poznański über diese Entwicklung stolz oder traurig gewesen wäre, und überquere die Kreuzung in Richtung Stadt.

Radegast

Lodz

Anfang vom Ende. Bahnhof Radegast

Der Tunnel führt mich ins Dunkel. Immer tiefer hinein. Es herrscht Totenstille. Ich bin allein auf meinem Weg durch dieses Krematorium. Ab und zu blinkt links oder rechts eine Lampe auf, beleuchtet eine Tafel, die das Martyrium der Lodzer Juden beschreibt. Außerdem sind an den Wänden tausende von Namen jener Juden verzeichnet, die von dem draußen gelegenen Bahnhof aus in den Tod gefahren sind. Bei dem Versuch, all diesen Namen eine Biografie zuzuordnen, versagt meine Vorstellungskraft. Um mich abzulenken, lese ich den Text auf einer der Tafeln, der lautet: *Vor dem Krieg gab es über 233000 Juden in Lodz. In den ersten Monaten der deutschen Okkupation fliehen 75000 Juden vor dem Terror oder werden ins Generalgouvernement ausgesiedelt. Am 9. November 1939 wird Lodz dem Dritten Reich angeschlossen. Am 10. Dezember erscheint ein geheimes Rundschreiben, das die Errichtung des Gettos bekannt gibt.*

Am Ende des Tunnels brennt ein Licht, während über mir ein 24 Meter hoher Schornsteinschacht den Blick in den Himmel freigibt. Der Ort ist unheimlich und erfüllt damit seinen Zweck. Auf eindringliche Weise ruft er dem Besucher ins Gedächtnis, was sich in den Jahren zwischen 1940 und 1944 abgespielt hat, als über 150000 Juden von dem hier gelegenen Bahnhof aus in die Gaskammern deutscher Vernichtungslager abtransportiert wurden.

Die Lodzer hatten erst wenig Verständnis für dieses Mahnmal, das der jüdische Architekt Czesław Bielecki im Jahr 2004 errichtet hat. Schließlich, so sagten sie, befanden sich die Gaskammern und Krematorien nicht in Lodz, sondern in Kulmhof oder Auschwitz. Einige hätten lieber durch die Rekonstruktion der Holzbrücke an der Zgierska-Straße des einstigen Gettos von Lodz, das damals Litzmannstadt hieß, gedacht. Diese Brücke verband zwei Teile des Gettos und wurde durch zahlreiche Fotos zu einem eindrucksvollen Symbol jener Zeit. Andere wiederum sind froh, dass sich in Lodz überhaupt ein solches Denkmal befindet, unabhängig davon, welche Form es hat.

Auf dem Rückweg aus dem Tunnel lese ich die Tafeln nicht mehr, sondern strebe mit eiligen Schritten dem Tageslicht entgegen. Auf den letzten Metern hinaus begleiten mich Eisenbahnschienen, die geradewegs zu dem gegenüberliegenden Bahnhofsgebäude aus Holz führen. *Radegast* steht auf einem Schild geschrieben. Die Art der Schriftzeichen lässt die Zeit erahnen, auf die sie verweisen. Anlässlich des 60. Jahrestages der Auflösung des Litzmannstädter Gettos wurde nicht nur das Mahnmal errichtet, sondern auch das Holzgebäude des Bahnhofs renoviert, das eines der letzten original erhalten gebliebenen Reste aus jener Zeit ist. Auch ein paar Waggons von damals hat man gefunden, die nun wieder auf den Schienen stehen. Auf den Schienen Richtung Kulmhof am Ner, das heute Chełm heißt, und wo sich früher ein Konzentrationslager befand. Auch die Namen aller weiteren Orte, in die die Züge einst fuhren, stehen auf riesigen Betonplatten geschrieben, die mich an Grabsteine erinnern und die hinter dem Bahnhofsgebäude aufgestellt sind: *Ravensbrück*, *Sachsenhausen-Oranienburg*, *Groß-Rosen*, *Auschwitz-Birkenau*. Der Beton wirkt bedrohlich, steht in starkem Gegensatz zu dem Bahnhofsgebäude aus Holz, das den Besucher geradezu zum Eintreten einlädt. Im Innern befindet sich heute ein Museum, das auf verschiedenen Ausstellungstafeln die Geschichte des Gettos Litzmannstadt dokumentiert. Dort erfahre ich, dass vor dem Krieg in Lodz die nach Warschau zweitgrößte jüdische Gemeinde Polens lebte. Noch heute befindet sich in der Stadt der größte jüdische Friedhof Europas und zeugt von jener Epoche der Stadt. Mit der Errichtung des Gettos im April 1940 und der Umbenennung der Stadt Lodz in Litzmannstadt nahm die Tragödie ihren Lauf. Das Getto funktionierte als riesiges Arbeitslager, in dem Kleidung, Schuhe und verschiedene Geräte hergestellt wurden. Wer nicht verhungerte oder an Krankheit starb, wurde mit einem der Transporte in ein Vernichtungslager geschickt. Der Bahnhof Radegast diente dabei sowohl als Umschlagplatz für den Abtransport der Juden als auch als Anlieferstation für Lebensmittel und Rohstoffe für die Produktion. Im Sommer 1944 wurde das Getto geschlossen.

Ich trete aus dem Museum hinaus und befinde mich wieder vor den Schienen. *Deutsche Reichsbahn Kassel* steht auf einem der Waggons geschrieben. Mit weißer Farbe, in wenig gleichmäßigen Lettern. Daneben stoße ich auf weitere Angaben: *Ladegewicht: 15000 kg, Traglast: 17500 kg, Bodenfläche: 213 m², Länge: 9,13 m*. Würde der Waggon an einem anderen Ort stehen, so würde ich überlegen, wie viele Kartoffeln oder Zuckerrüben in ihn wohl hineinpassen. Hier jedoch erscheinen mir die Zahlen teuflisch. Als forderten sie mich auf, sie durch Menschengewicht zu dividieren, um einen Eindruck von ihrer Größe zu erhalten. Doch ich tue ihnen den Gefallen nicht. Verdränge die Vorstellung, den Waggon mit Menschen zu füllen. Lasse ihn so, wie er ist. Leer.

Es hat angefangen zu regnen. Außer dem Mann am Museumseingang bin ich noch niemandem hier begegnet. Vielleicht liegt es daran, dass für Touristen keine Hochsaison ist. Oder daran, dass in diesem Viertel von Lodz heute viele Arbeitslose und arme Familien leben, die wenig Interesse und kaum Verständnis für dieses Denkmal haben. Ein Spielplatz für ihre Kinder, so lese ich in einem Zeitungsartikel, wäre einer Frau mit drei Kindern lieber gewesen. Jetzt hat sie neben dem Bahnhof ein Krematorium und eine Gaskammer, wo sie ihre Kinder nicht spielen lässt. Die Entscheidung, was besser gewesen wäre, ist schwierig. Entweder wird man der Geschichte oder der Gegenwart nicht gerecht. Außen auf dem Schornstein steht das 5. Gebot geschrieben: *Du sollst nicht töten.* In Hebräisch, Polnisch und Englisch. Du sollst nicht töten. Diesem Ort ist es zu verdanken, dass ich darüber nachdenken muss.

Z TEGO PERONU
8 STYCZNIA 1967
W SWOJĄ OSTATNIĄ PODRÓŻ
WYRUSZYŁ
ZBYSZEK CY ULSKI
AKTOR
WROCŁAW
8 STYCZNIA 1997

Breslau

Zbigniew Cybulski. Tod auf dem Bahnsteig

Als ich noch klein war, stellte mein Vater eines Tages fünf Schnapsgläser auf den Küchentisch, holte eine Streichholzschachtel aus dem Schrank, verdunkelte das Zimmer und sagte zu mir in geheimnisvollem Ton: „Hokuspokus, jetzt pass mal auf! “ Und im Nu hatte er den Inhalt der fünf Gläser angezündet, die nun Fackeln gleich eine gespenstische Stimmung in unsere Küche zauberten. Ich war sprachlos, denn noch nie hatte ich brennendes Wasser gesehen! Dass es Schnaps war, konnte ich ja nicht wissen. Nur am Rande sei hier erwähnt, dass mein Vater anschließend auch noch seine Finger in das „Wasser“ tauchte und sie zu meinem großen Schrecken kurzzeitig ebenfalls in Flammen aufgingen.

Viele Jahre später habe ich diese Szene mit den Schnapsgläsern in einem polnischen Schwarz-Weiß-Film aus dem Jahr 1958 wieder gesehen und mich an meinen Vater erinnert. Der Film gehört zu den bekanntesten Literaturverfilmungen der polnischen Filmgeschichte, stammt von dem oscargekrönten polnischen Großmeister des Films, Andrzej Wajda, und trägt den Titel „Asche und Diamant“. Seine Handlung spielt vom 5. bis zum 8. Mai 1945 und erzählt von dem ehemaligen Widerstandskämpfer Maciej, der nun, auf Geheiß seines Freundes und Vorgesetzten Andrzej, einen aus Russland zurückgekehrten kommunistischen Funktionär ermorden soll.

In einer der bekanntesten Szenen des Films trifft sich Maciej mit Andrzej in einer Hotelbar, auf deren Tresen ein Tablett mit fünf

Schnapsgläsern steht. Sie erinnern ihn an ein Fest mit den ehemaligen Kameraden, die im Krieg ihr Leben gelassen haben. Im Hintergrund stimmt die bekannte Sängerin Hanka Lewicka das polnische Soldatenlied „Roter Mohn auf dem Monte Cassino“ an.

Maciej (riecht an den Gläsern): Weißt du noch?
Andrzej: Was?
Maciej: Damals, unser Fest!
Andrzej: Nein.
Maciej: Weißt du's wirklich nicht?
Andrzej: Nein, was meinst du denn?
Maciej: Komm, riech mal!
Andrzej: Warum ziehst du's weg?
Maciej: Noch nicht?
Andrzej: Ich hab keine Ahnung!
Maciej (schiebt ihm nacheinander fünf Gläser über den Tresen zu): Noch nicht? (zündet den Schnaps in den Gläsern an) Haneczka, Wilga, Kosobudzki, Rudy, Kajtek ...
Andrzej (bläst, als Maciej auch noch ihre beiden eigenen Gläser anzünden will, das Streichholz aus): Wir beide leben noch.
Maciej (lacht): Ach, Junge, Junge, das waren noch Zeiten, Andrzej!
Andrzej: Ja, findest du?
Maciej: Ach, war das ein Leben in unserer Kompanie! Ich hab nie wieder so viele feine Kerle auf einem Haufen gesehen wie damals.
Andrzej: Und was ist geblieben? Sie sind fast alle gefallen.
Maciej: Das ist ja ne andere Sache, aber trotzdem!
Andrzej: Wir waren auch anders.
Maciej: Jünger.
Andrzej: Nein, nicht nur. Wir wussten auch, was wir wollten.
Maciej: Tja, das stimmt.

Andrzej: Und was man von uns erwartete.
Maciej: Na klar. Du merkst auch alles. Dass wir unser Leben opfern, hat man von uns erwartet. Also was hat sich denn geändert? Jetzt erwarten sie dasselbe. Wir haben's ja gelernt. Das Einzige, was wir können. Das Einzige!
Andrzej: Das brauchten wir nicht zu lernen. Sterben ist keine Kunst.
Maciej: Kommt drauf an, wie.
Andrzej: Tja, aber weiter können wir auch nichts.
Maciej: Ist das nichts?
Andrzej: Es ist hoffnungslos wenig.
Maciej: Du übertreibst. Du übertreibst, Andrzej. Nimm doch diesen ganzen Blödsinn nicht so tragisch. Man muss versuchen, sich überall so gut wie möglich durchzuschlagen und sich nicht überfahren zu lassen und sich nicht zu langweilen. Findest du nicht?
Andrzej: Ich weiß nicht.
Sie trinken die Gläser aus.

Die Szene klingt aus mit den Versen Hanna Lewickas, die die Bar in eine eigenartig nostalgische Atmosphäre hüllen: „Die Jahre ziehen vorüber, Jahrhunderte vergehen, zurück bleiben die Spuren vergangener Tage, und alle Mohnblumen auf dem Monte Cassino werden röter und röter, denn aus Polen strömt das Blut."

Ich habe diese Szene nie vergessen. Die Zerrissenheit dieser Generation zwischen der Vergangenheit des Kriegs und der Gegenwart, die ein hoffnungsvoller Aufbruch sein sollte und doch keiner war. Doch nicht allein die Handlung des Films und die brennenden Schnapsgläser waren es, weshalb der Film mich in seinen Bann zog. Es war vor allem auch der Schauspieler mit Namen Zbigniew Cybulski, der den Maciej verkörperte.

Als ich ihn in der ersten Szene des Films sah, fühlte ich mich sofort an James Dean erinnert mit seiner emotionalen Art, hin- und herpendelnd zwischen coolem Kämpfer und sensiblem Liebhaber. Eine Kombination aus Unnahbarkeit und Schroffheit, verbunden mit Vertrautheit, Empfindsamkeit und innerer Wärme. Ich hatte damals noch keine Ahnung, dass dieser polnische James Dean in seinem Land mindestens ebenso bekannt war wie sein Pendant in Amerika. Bis heute ist Cybulski Kult in Polen, er prägte für eine ganze Generation das Outfit in Jeans und dunkler Brille. Vor allem die dunkle Sonnenbrille, die er in fast jedem seiner Filme trug, so auch in „Asche und Diamant", hinterließ auf mich einen bleibenden Eindruck. Wie ein dunkler Fleck führte mich diese Brille durch den Schwarz-Weiß-Film, als Symbol von Distanz und auf Sensibilität gegründeter Unsicherheit des Helden. Als Marlene Dietrich den Schauspieler auf ihrer Polentournee 1966 in Breslau kennen lernte, war sie beeindruckt und schrieb später in ihrer Autobiografie über ihn: „Es hat noch nie am Theaterhimmel einen Schauspieler gegeben, der spielen konnte, ohne seine Augen zu gebrauchen, und ich weiß, es wird auch keinen mehr geben. Umso besser! Man wird sich ewig an ihn erinnern, und das ist mehr, als man über viele Schauspieler sagen kann."

Seine besten Jahre verbrachte Cybulski, der 1927 im damals polnischen, heute zur Ukraine gehörenden Kniaże geboren wurde, in Danzig, wo er 1954 zusammen mit Freunden das Theater BIM-BOM gründete. Dort hatte er sich schon bald als Theaterschauspieler einen Namen gemacht, bevor er seine große Filmkarriere startete. Sein größter Film war „Asche und Diamant", danach folgten weitere Rollen. Doch den Mitgliedern seiner alten Theatergruppe blieb er immer verbunden. So hatten sich alle ehemaligen Freunde aus dem BIM-BOM am Jahrestag der ersten Aufführung im Mai 1967 zu einem großen Erinnerungstreffen in Danzig verabredet. Doch sie trafen sich schon im Januar in Kattowitz, anlässlich der Beerdigung ihres großen Stars Cybulski, der beim Aufspringen auf einen Zug in Breslau unter die Räder geraten war. Am Tag vor seinem Tod hatte er noch einen Anruf erhalten aus New York, wo man ihm seine Nominierung für die Rolle des Kowalski in Tennessee Williams Stück „Endstation Sehnsucht“ verkündete.

Mit Sicherheit hat der frühe und tragische Tod von Cybulski mit zur Mystifizierung dieses Schauspielers in Polen beigetragen. Bei James Dean war es nicht anders. Und manchmal ertappe ich mich dabei, mir vorzustellen, wie eine Begegnung der beiden wohl ausgesehen hätte. Vielleicht wären sie wie zwei konkurrierende Helden aus entgegengesetzten Welten aneinandergeraten, hätten sich duelliert, um den Sieg in diesem Duell gebuhlt. Vielleicht hätten sich aber auch zwei verwandte Seelen gefunden, die sich darüber wunderten, wie wenig sich ihre beiden Welten, trotz der gegeneinander gerichteten Raketen, eigentlich unterschieden.

Immer wenn ich am Breslauer Bahnhof aus- oder umsteige, werfe ich unwillkürlich einen Blick auf die bronzefarbene Platte auf dem Bahnsteig 3, die an den tragischen Unfall von Cybulski erinnert. *Von diesem Bahnsteig aus begab sich Zbyszek Cybulski am 8. Januar 1967 auf seine letzte Reise*, steht auf ihr geschrieben. Und selbst in den steinernen Porträts auf der Platte trägt er noch seine Brille. Andrzej Wajda hat die Gedenktafel im Jahr 1997 zum dreißigsten Todestag des Schauspielers an der Stelle des Unglücks enthüllt. Mag sein, dass ich mir nur einbilde, dass die Masse der Menschen, die auf diesem Bahnsteig ein- und aussteigt, bewusst oder unbewusst immer einen kleinen Bogen um diese Platte schlägt. Aus Respekt und Bewunderung, oder aus Zufall. Ich jedenfalls muss beim Vorübergehen immer an die brennenden Schnapsgläser denken. In der Bar. Und auf unserem Küchentisch.

Breslau

Zwischen Adalbertkirche und Galeria Dominikańska. Ein Bettler auf der Insel

Jeden Sonntag um 10 Uhr vollzieht sich vor der Adalbertkirche in Breslau ein eigenartiges Ritual. Kaum hat der Pfarrer den Schlusssegen gesprochen, strömen die Menschen durch den Nebeneingang der Kirche nach draußen. Durch den Nebeneingang deshalb, weil sich ihm gegenüber das dreistöckige, hochmoderne Einkaufszentrum Galeria Dominikańska befindet, das ausgerechnet um 10 Uhr am Sonntag seine Pforten öffnet. Die ganze Gemeinde zieht also um. Männer, Frauen, Kinder, ganze Großfamilien strömen von der Kirche zur Ampel über die Słowacki-Allee hinüber zu dem Kaufhaus. Auf der kleinen Fußgängerinsel in der Mitte der Straße sitzt meistens ein Bettler mit einer Krücke und dem Schild: *Obdachloser mit Behinderung bittet um Ihre Hilfe.* Manchmal werfen ihm die Leute ein paar Groschen in den Becher, und ich frage mich, ob sie das schlechte Gewissen plagt, weil es sie unmittelbar nach der Heiligen Messe in den Konsumtempel zu McDonald's und Kentucky Fried Chicken zieht.

Als ich diese Prozession zwischen Kirche, Bettler und Kaufhaus zum ersten Mal erlebte, bin ich regelrecht erschrocken. Zu direkt schien mir der Weg zwischen diesen beiden Orten, zu unmittelbar die Abfolge von Gebet und Konsum. Eigentlich passte diese Prozession gar nicht in mein Bild von einer typisch polnischen Familie, das bislang geprägt war vom gemeinsamen sonntäglichen Kirchgang und dem anschließenden obligatorischen Mittagessen im familiären

Kreis. Selbst im katholischen Bayern würde mich diese Kombination schon erstaunen. Aber hier in Polen?

Die Zeiten haben sich verändert. Und mit ihnen die Gepflogenheiten. Offene Geschäfte am Sonntag sind in Polen keine Seltenheit mehr, und die attraktiven Einkaufsgalerien verführen geradezu zum Bruch mit der sonntäglichen Besinnlichkeit. Als hätte der Teufel erkannt, dass die Zeit reif ist, dem lieben Gott sein Volk abspenstig zu machen, in Konkurrenz zu treten mit den faden Oblaten der Kommunion. Und die Menschenmassen in der Breslauer Galeria Dominikańska geben ihm Recht. Aus allen Kirchen der Stadt strömen die Kunden am Sonntag hier zusammen, um sich in den Eisdielen, Modegeschäften oder Restaurants zu vergnügen. Die Galeria gehört zu den schönsten ihrer Art in Polen. Sie wurde im Jahr 2001 eröffnet und umfasst über 100 Geschäfte, die sich über drei Stockwerke verteilen. Markenfirmen befinden sich neben Drogerieketten, Fastfood-Restaurants neben Spezialitätenläden, klassische Spielzeuggeschäfte neben Mediengiganten. Jedem wird etwas geboten. Den Kindern genügt schon das Glitzern und Leuchten der vielen Reklameschilder, um sich hier wohl zu fühlen.

Dabei verhält es sich keineswegs so, dass die Polen der Galeria etwa den Vorzug vor dem Kirchenbesuch geben würden. Die Kirchen in Breslau sind immer noch gut gefüllt. Doch man empfindet keinen Widerspruch mehr zwischen dem Kirchenbesuch und einem anschließenden Kaufhausbummel. Man hat sich arrangiert, reicht Gott die rechte, dem Teufel die linke Hand. Schließlich will man das Leben ja genießen. Nur der Bettler draußen auf der kleinen Insel mitten im Verkehr ist zwischen die Mühlsteine geraten. Ihm hilft weder die Kirche noch die Galerie. Er bettelt im Transit, in der Hoffnung, dass die Heilige Messe das Herz der Spender rührt, bevor sie ihr Geld im großen Stil in den Geschäften lassen. Der Platz ist günstig. Aber irgendwie unheimlich.

PANORAMA RACŁAWICKA-20 LAT WE WROCŁAWIU

Breslau

Das Panorama von Racławice

Durch eine schwere Eisentür steige ich mit einer Gruppe polnischer Schüler aus Warschau den stufenlosen Rundgang hinauf in die Kuppel der Rotunde. Mitte der 80er Jahre verbrachte ich die Zeit vor dem Besuch dieses Museums noch in einer langen Warteschlange, bis ich endlich einen Blick auf dieses legendäre, 115 Meter lange Panoramabild werfen konnte. Allein in den ersten zehn Jahren nach der Eröffnung im Jahr 1985 wollten über vier Millionen Menschen das Museum besuchen. Heute dagegen ist es ruhiger geworden um diesen Ort, auch wenn noch immer regelmäßig Busse mit Touristen aus aller Welt vorfahren. Vielleicht lag der Reiz für viele Besucher einmal darin, ein von der polnischen Zensur jahrzehntelang verbotenes Gemälde betrachten zu können, dem Kommunismus ein Schnippchen zu schlagen, indem man dem Helden des Aufstandes von 1794, Tadeusz Kościuszko, die Ehre erwies. Doch der politische Umbruch hat dem Bild seine Rolle als Symbol der Hoffnung auf eine bessere Zukunft genommen, ihm das Umfeld zerstört, das seine Beliebtheit ausmachte. Wo kein Feind, da kein Widerstand. Vielleicht hat aber auch das Computerzeitalter dieser Art der unspektakulären Visualisierung einer Schlacht den Rang abgelaufen, dem Bild den Status eines behäbigen Dinosauriers verliehen, der nur zufällig bis zur Moderne überlebt hat.

Für mich hat das Bild seinen Reiz nicht verloren. Im Gegenteil, geradezu erholsam wirkt diese Technik vergangener Zeiten. Nichts flackert, nichts flimmert, kein Bildschirm versucht mich zu manipulieren. Das Bild verführt mich ganz ohne Zwang in sein Motiv, lässt mich im wahrsten Sinne des Wortes in seine Mitte treten und alles um mich herum vergessen. Schon nach wenigen Minuten sehe ich den Übergang nicht mehr zwischen den realen, dreidimensionalen Sträuchern im Vordergrund und dem Bild dahinter. Selbst den umgekippten Leiterwagen, der vor dem Bild steht, nehme ich schon bald als Teil der gemalten Landschaft wahr. Wie ein Puzzle, das es zusammenzusetzen gilt, fügt sich ein Detail zum anderen, verbinden sich die Dimensionen zu einer einzigartigen Illusion, die auch heute noch als Balanceakt zwischen Kunst und Technik funktioniert, vorausgesetzt, der Betrachter lässt sich auf sie ein.

Ich setze die Kopfhörer auf und lasse mich von den Malern Jan Styka und Wojciech Kossak, die dieses Panoramabild Ende des 19. Jahrhunderts schufen, zurückversetzen in das Jahr 1794, wo an einem sonnigen Apriltag die hoffnungslos unterlegenen Soldaten des polnischen Freiheitskämpfers Tadeusz Kościuszko den übermächtigen russischen Truppen unter Aleksander Tormasov gegenüberstanden.

Die Wut über die drohende Teilung des Landes ins Gesicht geschrieben, ziehen die polnischen Soldaten in die Schlacht, allen voran Tadeusz Kościuszko, hoch zu Ross, in einen weißen Bauernrock gekleidet, mit der typischen viereckigen Rogatywka-Mütze. Sein ausgestreckter rechter Arm weist mir und seinen treuen Bauern den Weg in die Schlacht. Sie grüßen ihren Anführer mit geschwenkten Mützen und lautem Geschrei, tragen stolz die Sensen über ihren Schultern. Und über ihnen weht auf einer Fahne das Bild der Muttergottes von Tschenstochau, das Polen schon einmal vor einer Niederlage durch die Schweden gerettet hatte. Granaten explodieren, Pferde wiehern, um mich herum ertönt das Kampfgeschrei, donnern die Gewehrsalven der Infanterie. Die russischen Truppen stürzen beim Angriff der polnischen Kavallerie auseinander, kommen mit weißen Fahnen aus ihren Deckungen, doch die wütenden Bauern erkennen die Signale nicht, werfen sich auf den Feind. Vergeblich leisten russische Grenadiere Widerstand, werden erbarmungslos von den heranstürzenden Aufständischen überrannt. Vor mir steht der polnische General Jan Śląski in seinem grauen Mantel, schwingt in seiner rechten Hand den blanken Säbel, neben ihm flattert die Fahne mit den Symbolen der Sensenträger im Wind, während das 6. Infanterieregiment von hinten den Angriff sichert. Unweit neben mir reitet General Madaliński auf einem grauen Pferd, auf dem Kopf eine rote Rogatywka mit weißer Feder. Die russische Artillerie stürzt in Panik auseinander, ein Pferd schleift seinen toten Reiter über das unebene Feld. Der Anführer der russischen Truppen, General Tormasov, nimmt, umgeben von seiner Eskorte, die Meldung eines Offiziers entgegen, die nichts Gutes verheißt. Vielleicht eine Nachricht über die bedrohliche Situation an der rechten russischen Flanke oder über die Zahl der Verluste. Vor mir fliehen russische Husaren aus ihrer Deckung, werden auf freiem Feld zum leichten Ziel polnischer Artillerie. Etwas weiter schießen polnische Kanoniere auf russische Dragoner, und Major Lucke, zwischen zwei Kiefern stehend, befehligt einen raffinierten Angriff seiner polnischen Infanterie. Die Kosaken werden zurückgeschlagen und suchen das Weite, während der polnische Major Zborowski seiner Kavallerie mit gezogenem Säbel den Weg in die Schlacht weist. Ich höre das Signal des Trompeters zum Angriff, wie es sich vermischt mit den Einschlägen der Granaten, den Schüssen der Gewehre und dem Geschrei der kämpfenden Soldaten. Mir kommt es vor, als stünde ich unbeobachtet von allen mitten im Schlachtgewühl. Und um mich nicht orientierungslos dem Kampfgetümmel aussetzen zu müssen, führt mich die sonore Stimme des Kopfhörers durch das Geschehen, lässt mich teilhaben an den Bildern, die sich vor mir scheinbar in Bewegung setzen, eine ungeahnte Dynamik entfalten.

Eine kleine Gruppe russischer Gefangener zieht an mir vorbei, darunter der verletzte russische Oberst Muromzov, der mit ungläubigem Blick zurück die Niederlage seiner Truppen verfolgt. Ich beobachte eine Bauernfamilie, die an einem riesigen Kreuz niedergekniet ist und um Gottes Beistand betet. Alte Männer, Kinder und Frauen, in deren Gesichtern sich Angst und Hoffnung widerspiegeln. Die Szene lädt mich ein zum Verweilen, lässt mich innehalten im Gemetzel, die Granateneinschläge und Gewehrsalven für einen Moment vergessen. Wofür mögen sie beten? Für den Sieg? Dass ihr Sohn und Bruder unversehrt zurückkehrt? Vor einer Hütte neben dem Kreuz versorgt eine Frau mit Kopftuch einen verletzten Soldaten, während dahinter die polnischen Bauern mit ihren Sensen vorbeiziehen, sich aufmachen zu ihrem Anführer Kościuszko, der ihnen den Weg weist.

Der Kreis hat sich geschlossen. Das Ende der Schlacht ist zugleich ihr Anfang. Die Stimme in meinem Kopfhörer ist verstummt, und statt Gewehrsalven und Pferdegetrampel höre ich nun die Stimme der Aufseherin, die darum bittet, den Raum zu verlassen, um das Bild für die nächste Gruppe freizugeben.

Wie die Bauern mit ihren Sensen zieht unsere Gruppe also den stufenlosen Gang wieder hinunter, statt Kościuszko folgen wir der Aufseherin, und statt Sensen tragen wir unsere Fotoapparate. Mehr als zweihundert Jahre liegen zwischen uns und dem Bild. Das Gebet der Bauern vor dem Kreuz wurde damals nicht erhört, denn trotz des

Sieges bei Racławice wurde der Aufstand unter Kościuszko niedergeschlagen, und ein Jahr später verschwand Polen durch die dritte Teilung von der europäischen Landkarte. Doch der Stolz der Polen auf ihre Kämpfer und die Bewunderung für ihren damaligen Befehlshaber hat die Zeit der Teilung überdauert. Der Sieg bei Racławice wurde zum Ausgangspunkt für weitere Aufstände im ganzen Land und lebt bis heute im Bewusstsein der Polen als Mythos und Legende weiter. Er wurde zum Symbol für die Hoffnung auf ein unabhängiges Polen und auf eine bessere Zukunft. Und diese Hoffnung haben hundert Jahre nach der Schlacht die Maler Styka und Kossak in Farben getaucht. Eindrucksvoll und lebensecht. Ein Bild, das insbesondere in den 80er Jahren auf neue Weise uminterpretiert werden konnte, weshalb sich manch ein unbelesener Tourist damals völlig unerwartet in jener langen Schlange wiederfand, die ich heute fast vermisse. Die Hoffnungen auf eine eigene Republik haben sich erfüllt, die Gebete wurden längst erhört. Das Bild in seiner Betonrotunde ist als ein Zeuge zurückgeblieben, der vor allem noch von Schulklassen befragt wird. Aber er verfehlt seine Wirkung nicht. Als ich mir nach der Führung am Souvenirstand eine Broschüre über das Bild kaufen will, stehe ich tatsächlich wieder in einer langen Schlange. Lauter Schüler, die sich einen kleinen Kościuszko kaufen wollen. Aus Gips. Oder Bronze. Egal.

Waldenburg

Das Geheimnis von Schloss Fürstenstein

Nach einer Stunde Fahrt von Breslau in Richtung Waldenburg rüttelt mich plötzlich ein ungewohnter Bodenbelag aus meinen Träumen. „Wir sind gleich da“, sagt der Taxifahrer und schaut mich amüsiert an, weil ich vor Schreck nach einem Haltegriff über der Tür suche. „Kopfsteinpflaster aus deutschen Zeiten“, fügt er hinzu, und ich bin wach. „Kocie łby“ – zum ersten Mal höre ich das Wort für Kopfsteinpflaster in polnischer Sprache. Wörtlich übersetzt heißt es „Katzenköpfe“, und ein makabres Bild entsteht vor meinen Augen. Der Weg führt noch ein kurzes Stück durch den Wald, bevor mich das Taxi auf dem Parkplatz vor dem Torhaus von Schloss Fürstenstein absetzt.

Es fiele mir schwer, diesen Ort auf einer Landkarte Polens einzuzeichnen. Der Weg von Breslau führte mich über unzählige Dörfer Richtung Westen, vorbei an dem sagenumwobenen Zobtenberg und der bekannten Friedenskirche in Schweidnitz. Irgendwann habe ich die Orientierung verloren zwischen all den Dörfern, darüber hinaus auch noch den Sinn für die Schönheit der Landschaft angesichts der entsetzlich vielen und tiefen Schlaglöcher auf der Straße, die der Taxifahrer geschickt umfährt. Stereotyp hin oder her, aber diese Straße ist lebensgefährlich. Und wie zum Beweis dafür stoßen wir unweit von Mokrzeszów auf ein Auto, das gerade in den Straßengraben gestürzt ist. Eine Frau sitzt weinend auf der Wiese, während der Mann den Schaden begutachtet. Hinter uns blinkt schon das Blaulicht der Polizei. Ich füge mich dem Schicksal und schlafe irgendwann ein.

Als ich durch das Tor trete, möchte ich mir ein zweites Mal die Augen reiben. Für einen Moment habe ich Schwierigkeiten, das Schloss, das sich vor mir im morgendlichen Sonnenschein erhebt, jener Welt zuzuordnen, in der gerade das Auto im Straßengraben lag und die Frau auf der Wiese weinte. Ich vergesse mein Taxi, den Parkplatz, lasse die Schlaglöcher und die Polizei hinter mir und trete aus dem Tor hinaus ins Freie, einem Märchenprinzen gleich, der das Loch in der Hecke zu Dornröschen gefunden hat.

Der Legende nach hat im 10. Jahrhundert der Knappe Friedrich hier seltsame Feuersteine gefunden, die er nach einem gewonnenen Turnier König Heinrich dem Vogler zum Geschenk machte. Hocherfreut über diese Feuersteine übertrug der Kaiser dem zum Ritter geschlagenen Friedrich den Bau der Burg. Die Lage, in welcher sich die Burg vor mir erhebt, hätte schöner nicht sein können. Links und rechts des Ehrenhofes, den ich überquere, fällt der Fels steil ab. In der Tiefe höre ich das Rauschen eines kleinen Flusses, der sich durch das Tal schlängelt. Vor mir erhebt sich das Haupthaus des Schlosses mit einem stolzen Turm in der Mitte, um den sich, einem Leuchtturm gleich, die ganze Umgebung im Kreise dreht. Mit über 400 Räumen gehört dieses Schloss zu den imposantesten in Polen. Nur der Wawel in Krakau und das Warschauer Schloss sind größer. Auf einer Tafel vor dem Haupteingang werden stolz alle prominenten Künstler und Politiker aufgeführt, die dieses Schloss in den vergangenen Jahrhunderten besucht haben. Friedrich II. von Preußen steht auf der Liste, ebenso wie der amerikanische Präsident John Adams, August der II. von Sachsen, Zar Nikolaus I. von Russland, Wilhelm II., aber auch Gerhard Hauptmann, der unweit von hier geboren wurde. Insgeheim freut es mich, dass sie Goethe auf der Tafel vergessen haben, obwohl er im August des Jahres 1790 hier ebenfalls Station gemacht hat.

Selten genug, dass er mal übersehen wird, auch wenn eine separate Tafel an dem Haus, in dem er übernachtete, seines Besuches gedenkt. Als ich nach der Lektüre dieser Liste das Schloss betrete, fühle ich mich irgendwie erhaben, auserwählt, auch wenn die ersten Reisegruppen hinter mir nicht lange auf sich warten lassen. Doch während die Gruppen vor allem gekommen sind, das Schloss und seine Räumlichkeiten zu besichtigen, hat mich ein anderes Ziel hierher geführt: die geheimnisvollen Gänge unter dem Schloss.

Während des Zweiten Weltkriegs sollte dieses Schloss eigentlich in eine Art Nobelresidenz umgebaut werden und als Gästehaus Waldwiese Ehrengäste des Hitlerregimes beherbergen. Ich frage mich, wer wohl auf diesen Namen gekommen sein mag: Gästehaus Waldwiese. Als ich das Schloss unter diesem Aspekt noch einmal anschaue, muss ich lachen. Genauso gut könnte man die Alpen als Hügellandschaft bezeichnen. Doch die Pläne wurden geändert und so entstand im Jahr 1943 eine Schlesische Industriegemeinschaft AG, unter deren Führung im Herbst desselben Jahres mit geheimnisvollen Grabungsarbeiten sowohl im Eulengebirge als auch unter dem Schloss begonnen wurde. Hunderte von Kriegsgefangenen, später auch Häftlinge des Konzentrationslagers Groß Rosen, wurden gezwungen, kilometerlange Stollen in das Massiv zu treiben. Über den Sinn dieses Unternehmens wird bis heute gerätselt. Paweł, ein Angestellter des Schlosses, der mich zu den unterirdischen Stollen führt, erklärt mir, dass es lange Zeit verschiedene Theorien über diese Stollen gegeben habe. Eine besagte, die Stollen sollten unterirdischen Rüstungswerken und Militärbunkern dienen. Andere wiederum gingen davon aus, es sollten hier geheime Labors zur Entwicklung von ABC-Waffen angelegt werden. Heute sei man sich dagegen sicher, dass dieses gewaltige Stollennetz als ein modernes

Führerhauptquartier dienen sollte, das um einiges größer angelegt war als die Wolfschanze in Masuren.

Während wir die vereisten Stufen an der Schlossmauer hinabsteigen, erzählt mir Paweł, dass über dieses unterirdische Stollennetzwerk bis heute noch viele geheime Dokumente in Berlin und London existierten, deren Öffnung bislang noch nicht genehmigt worden sei. Erst wenn jemand Einsicht in diese Dokumente bekomme, sei das Geheimnis um die unterirdische Stadt völlig zu enträtseln. Während im nahe gelegenen Walim die Stollengänge bereits für Touristen zugänglich seien, würden sie hier erst noch erschlossen. Nächstes Jahr, meint Paweł, könnten auch hier die Touristen in die Abgründe des Schlosses hinabsteigen. Doch im Vergleich zu Walim seien die Ausmaße der Grabungen hier eher bescheiden. Insgesamt beschränke sich die Länge der Stollen auf etwas über einen Kilometer. Ein kleiner Teil davon liegt in 15 Metern Tiefe, der größere Stollenkomplex dagegen 50 Meter unter der Erde. Letzterer ist aber nicht zugänglich, da hier die Polnische Akademie der Wissenschaften einen Sitz für seismographische Messungen eingerichtet hat.

Nach einem steilen Abstieg bleibt Paweł vor einer roten Metalltür in der Schlossmauer stehen. „Hier“, sagt er, „ist der Eingang zu dem oberen Stollen“. Dann schließt er auf. Das Szenario könnte spannender nicht sein. Über mir erhebt sich die mächtige Silhouette von Schloss Fürstenstein mit seinen prachtvollen Räumen und seinem kunstvollen Interieur. Hier unten dagegen dringen wir durch eine geheimnisvolle Tür in das Innere des Schlosses, überschreiten die Grenze in ein dunkles und wenig bekanntes Kapitel dieses Ortes. Es wundert mich eigentlich, dass noch kein Romanautor diese Kulisse für sich entdeckt hat.

Gleich hinter der Tür erklärt mir Paweł anhand einer Übersichtskarte den Aufbau der Tunnelgänge. Der Erste, direkt vor uns, verbindet über eine Länge von ca. 80 Metern das Schloss mit den Schlossterrassen. Am Ende befindet sich ein Schacht, über welchen man wohl mit einem Aufzug in den unteren Stollenkomplex gelangen sollte. Die tiefer gelegenen Stollen bilden ein System in Form eines regelmäßigen Vierecks mit zwei verlängerten Tunnelarmen. Die Gesamtlänge der Stollen beträgt über einen Kilometer.

Wir beschränken unsere Tour auf den ersten Teil und bleiben vor einer Betonwand mit Fensterschlitz und einem kleinen Loch rechts unten stehen. Paweł erklärt mir, dass hinter dieser Wand ein Wachtposten stand, der die Besucher zu kontrollieren hatte. Im Fall eines feindlichen Angriffs gab das kleine Fenster rechts unten ihm die Möglichkeit zum Granatenauswurf. Ich folge Paweł um die Ecke und stehe am Beginn des 80 Meter langen Stollens. Der Gang ist ziemlich schmal, vielleicht einen Meter breit und zwischen zwei und drei Metern hoch. Während ich den Stollen entlanggehe, hallt mein Schritt im Raum wider. Die Atmosphäre ist beängstigend. Schweigend gehen wir bis zum Ende, wo wir auf den Schacht für den Aufzug nach unten stoßen. Aus dem Beton an der Decke ragen noch die Eisenverstrebungen hervor, ansonsten ist der Schacht völlig verschüttet. Als die Niederlage für die Nationalsozialisten absehbar war, begann man damit, sowohl das Schloss als auch die unterirdischen Anlagen auszuräumen und mögliche Anhaltspunkte für den Zweck der Anlage zu verschleiern. Was die Deutschen nicht zerstörten, zerstörten später die Soldaten der Roten Armee.

Paweł rät mir, noch nach Walim zu fahren, am Fuß des Eulengebirges, wo die unterirdischen Stollen noch größer und eindrucksvoller seien. Doch es sind weniger die Stollen, die mich hier in den Bann ziehen, sondern die Tatsache, das über diesen geheimnisvollen Stollen das riesige Schloss thront und der Komplex als solcher eine Spannung aushält, die zu ertragen schwer fällt.

Als ich wieder draußen stehe und sich das Sonnenlicht in den Schneekristallen der Bäume bricht, erscheinen mir die Stollen plötzlich als hässliche Relikte eines Monsterwurmes, der hier einst sein Unwesen trieb. Unersättlich unterhöhlte er das Massiv dieser Region und schuf sich seine eigene Stadt unter der Erde. Während andere Schlösser den Touristen Gespenster vorgaukeln müssen, birgt dieses tatsächlich ein Geheimnis. Nur eignet es sich nicht, um Kinder damit zu erschrecken. Auf dem Weg zum Torhaus fährt ein Lastwagen vor, aus dem nationalsozialistische Uniformen ausgeladen werden. Als ich Paweł frage, wozu man die brauche, erklärt er mir, dass demnächst ein Film gedreht werden solle. Ein Film über das Schloss und die Stollen. Und den Wurm, füge ich in Gedanken hinzu. Und schäme mich.

FRANZ KUSC
★ 3.10.1870 + 11.7.1936

Gogolin

Verletzte Gräber

Behutsam fahre ich mit dem Finger durch den ausgemeißelten Schriftzug auf dem Grabstein. *Hier ruht in Frieden*, stand da mal. Darunter steht *Franz Kusch*. Doch das h ist ebenfalls ausgemeißelt, geblieben ist Kusc. Weil der Name auf diese Weise polnisch klingt, hat man den Rest verschont. Damals, Anfang 1945, als der Hass auf alles Deutsche in Polen so groß war, dass gut organisierte Patrouillen durch die oberschlesischen Dörfer marschierten und die Anwohner aufforderten, alle deutschen Schriftzeichen und Bücher in den Häusern zu entfernen. Jedes Wort musste beseitigt werden. Vom Geschirr, von Aschenbechern, Bildern, Salz- und Pfefferstreuern. Die Ergebnisse wurden in Akten festgehalten, die man bis heute im Archiv einsehen kann. „Herr Sikora, Haus Nummer 2 in der Straße soundso, hat noch einen Fußabstreifer vor der Tür liegen mit der Aufschrift *Herzlich willkommen*. Die Beseitigung wurde angeordnet“. So wurde an manchen Orten Straße für Straße „polonisiert“. Nichts sollte mehr an die deutsche Vergangenheit dieses Gebietes erinnern.

Meine Großmutter war damals Schneiderin beim Apostolischen Administrator Kominek. Er hatte sich dafür eingesetzt, dass die staatlichen Kommissionen bei der Ausmeißelung der Grabinschriften auf den Friedhöfen behutsam vorgingen und die Würde der Orte nicht verletzten. Soweit so etwas bei dieser Aktion überhaupt möglich war. Immerhin: Kusc ist übrig geblieben. Andere Namen, die sich nicht mit dem Meißel polonisieren ließen, wurden ganz beseitigt:

Seidel, Schmidt, Bauer. Als meine Großmutter, die damals in einem kleinen Ort unweit von Oppeln wohnte, unmittelbar nach dem Krieg einmal beim Deutschsprechen auf der Straße erwischt wurde, sollte sie zur Strafe 1000 Złoty zahlen oder drei Tage ins Gefängnis gehen. Sie ging ins Gefängnis, weil die Familie kein Geld hatte. Einen solchen Strafzettel bewahre ich bis heute auf. Während des Krieges war es umgekehrt. Wer hier polnisch sprach, riskierte wegen „groben Unfugs“ hohe Strafen. In Ausnahmefällen kam man sogar ins Lager. Nach dem Krieg haben sich also nur die Vorzeichen geändert, nicht die Methoden.

Der Grabstein hier auf dem alten Gogoliner Friedhof legt Zeugnis ab von einer Zeit, die lange zurückliegt. Im nahe gelegenen Oppeln kann man mittlerweile das deutsche Abitur ablegen, regionale Fernsehsendungen in deutscher Sprache empfangen und zweisprachige Zeitungen lesen. Die Sprachen haben hier längst Frieden geschlossen. Doch den Grabstein hat niemand erneuert oder ersetzt, wie auf den meisten anderen Friedhöfen. Vielleicht lebt niemand mehr von der Familie. Vielleicht sollte er stehen bleiben als Mahnmal.

Meine Reisen führen mich öfter hierher, auch auf diesen Friedhof. Obwohl ich niemanden kenne, der hier liegt. Aber Herr Kusc steht mir auf geheimnisvolle Weise nahe. In seinem Grabstein spiegelt sich die Spannung zwischen Gewalt und Würde wider. Das *h* ist der Gewalt gewichen, den Rest hielt die Würde am Leben.

Es gibt nur noch wenige Orte in Polen, wo die deutsch-polnische Geschichte dem Betrachter auf so eindrucksvolle Weise mit dem Meißel vor Augen geführt wird. Und wenige Orte, die so verlassen sind, dass sie einladen zu dieser Reise. In stillem Gedenken.

1934
950

St. Annaberg

Gottes Segen gegen die Waffen der Aufständischen

Eine eigenartige Unruhe überkommt mich auf dem Berg, der sich fast ansatzlos aus der weiten Ebene Oberschlesiens erhebt. Hier, an seinem Fuße, in der Kleinstadt Leschnitz, das in den 30er Jahren in Bergstadt umbenannt wurde, verbrachte mein Vater seine Kindheit und Jugend. Eines Tages erzählte er mir, wie er unmittelbar nach Kriegsende zusammen mit seiner Schwester auf den Berg gestiegen sei, um Mosaiksteine zu sammeln, die infolge der Sprengung eines Mausoleums über den Hügel verteilt lagen. Die kostbaren Steine konnte er dann im Dorf eintauschen, gegen Lebensmittel oder andere Dinge, die die Familie nach dem Krieg benötigte.

Das Mausoleum war in den 30er Jahren von den Nationalsozialisten errichtet worden zu Ehren der Gefallenen bei den Schlesischen Aufständen der Jahre 1919, 1920 und 1921. Bei Letzterem hatten polnische Freischärler auf Anweisung von Wojciech Korfanty den Annaberg besetzt, um entgegen dem Abstimmungsergebnis den Zuschlag des gesamten Gebietes zu Polen mit Gewalt zu erzwingen. Daraufhin war es zu blutigen Kämpfen gekommen mit den neugeformten Truppen vom deutschen „Selbstschutz Oberschlesien", welche die polnischen Verbände zurückschlugen und den St. Annaberg schließlich einnahmen. Wenige Monate später wurde der industriell reiche Ostteil Oberschlesiens Polen zugeschlagen, während der ländlich geprägte Westen bei Deutschland verblieb. Zufrieden war mit dieser Lösung keiner und der politische Kampf um Oberschlesien dauerte an. Meine Großmutter war damals sieben Jahre alt, und als ich sie einmal fragte, für wen ihre Eltern denn gestimmt hätten, reagierte sie empört. Für Deutschland natürlich!

Sowohl im Dritten Reich als auch im kommunistischen Polen wurde der St. Annaberg jeweils zum Symbol des heldenhaften Kampfes für das Vaterland verklärt. So war es wenig verwunderlich, dass die Nationalsozialisten mit der Errichtung des gewaltigen Mausoleums den Mut der deutschen Schutztruppe ehren wollten. Einige der Gefallenen wurden in dessen Rundhalle sogar beigesetzt. Hinter dem Denkmal errichteten die Nationalsozialisten ein riesiges Amphitheater, das sie für Kundgebungen und Veranstaltungen in einen Steinbruch schlugen und in dem über 25000 Menschen Platz fanden. Auf diese Weise sollten das Mausoleum und das Amphitheater eine Art politisches Gegengewicht darstellen zu dem ebenfalls auf dem Annaberg gelegenen Sanktuarium der Franziskaner, dem bedeutendsten Wallfahrtsort in Oberschlesien. Darüber hinaus entfernten sie das „Sankt“ aus dem Namen des Berges, der fortan nur noch „Annaberg“ hieß. Nach dem Krieg wurde das Mausoleum sofort gesprengt, wodurch mein Vater zu seinen Mosaiksteinchen kam. Das Amphitheater dagegen wurde dem Verfall überlassen.

Heute stoße ich auf dem Annaberg auf ein Denkmal, das Mitte der 50er Jahre von den Polen errichtet worden ist, um ihrerseits an die Verdienste ihrer Aufständischen zu erinnern. In seinen riesigen Ausmaßen gibt es sich mir unschwer als typisches Produkt seiner Zeit zu erkennen. Vier gewaltige Granitsäulen erheben sich 15 Meter hoch in den Himmel, oben verbunden zu einem großen Tor, wodurch das ganze Ensemble einem überdimensionalen Tisch ähnelt. Die Außenwände sind mit in den Granit gravierten Szenen gestaltet, die den

Kampf der polnischen Schlesier gegen die deutsche Unterdrückung darstellen. Vier große Figuren, die mir besonders ins Auge stechen, schützen das ewige Licht in der Mitte des Denkmals: ein Bergmann, ein Hüttenarbeiter, ein Bauer und eine schlesische Bäuerin mit Kind auf dem Arm. Und anscheinend hat der Baumeister nicht zufällig das Denkmal vor die Kulisse des Amphitheaters gesetzt. Das Geschrei der Politkundgebungen sollte damals wohl die Gebete des nahe gelegenen Wallfahrtsortes übertönen. Während heute die Gesänge aus dem Kloster vom Wind zum Denkmal getragen werden, treffe ich im vom Gras überwucherten Amphitheater nur eine friedlich grasende Hasenfamilie.

Als ich die wenigen Stufen zu dem Denkmal hinaufsteige, suche ich unbewusst auf dem Boden nach Mosaiksteinchen. Ich stelle mir meinen Vater und seine Schwester vor, wie sie im Schutz der Dunkelheit hier auf dem Berg nach dem kostbaren Gut Ausschau halten. Einer sucht, einer steht Wache, um nicht erwischt zu werden. Dabei war es ihnen wohl egal, ob das gesprengte Denkmal damals deutsch oder polnisch war. So wie den meisten Oberschlesiern die Entscheidung immer schwer fiel, sich einer Nationalität zuzuordnen. Einige Oberschlesier sollen vor der Abstimmung im Jahr 1921 sogar noch Briefe an den Internationalen Gerichtshof gesandt haben, mit der Bitte, ihnen doch mitzuteilen, welcher Nationalität sie denn nun eigentlich angehörten. Am liebsten hätten die meisten wohl für Oberschlesien gestimmt, doch diese Option stand nicht auf dem Wahlzettel. Und so wägten sie ab zwischen ökonomischen und politischen Vor- und Nachteilen der jeweiligen Entscheidung. In einer Publikation zu den Aufständen finde ich noch Abbildungen der damaligen Wahlplakate, die alle zweisprachig abgefasst waren, egal ob sie für Deutschland oder Polen warben. „Nur die allerdümmsten Kälber wählen ihre Schlächter selber“, lautete ein Slogan auf polnischer Seite. „Deutschland hat Oberschlesien zum blühenden Wohlstand emporgeführt. Polen will Oberschlesien ins trostlose Elend zurückreißen!“, argumentierten die Deutschen. Und als Worte nicht mehr ausreichten, griffen beide Seiten zu den Waffen.

Es fällt mir nicht leicht, die Unruhe abzulegen, die mir der Ort aufdrängt. Das Amphitheater, das Denkmal der Aufständischen und der Wallfahrtsort auf der anderen Straßenseite scheinen den kleinen Berg zu erdrücken, ihm eine Last aufzubürden, die er kaum zu tragen vermag. Ganz abgesehen davon, dass das pseudoantike Theater, das sozialistisch-realistische Denkmal sowie die jahrhundertealte Wallfahrtskapelle mit der kleinen Lindenholzfigur der Heiligen Anna Selbdritt sich kaum etwas zu sagen haben dürften. Zu unterschiedlich ist ihre Geschichte, zu gegensätzlich ihre Aufgabe. Gerne wüsste ich, ob sie miteinander kommunizieren würden, wenn sie denn könnten. Welche Fragen sie sich stellten, wer wem welchen Anspruch streitig machen würde. Aber ich höre nichts, während ich um die Pfeiler des Denkmals schlendere, mit den Fingern den feinen Rillen der Figuren im Granit nachspüre und dabei auf das Amphitheater hinunterblicke. Vielleicht kommt irgendwann wieder jemand und sprengt auch dieses gewaltige Denkmal von seinem Sockel, um ein neues, vielleicht sogar ein oberschlesisches zu errichten. Zu Ehren aller Gefallenen der Aufstände, oder zu einem ganz anderen Zweck. Doch es bleibt zu hoffen, dass dann keine Kinder mehr auf Mosaiksteinchen angewiesen sind, um ihre Familien ernähren zu können – denn sie werden keine Mosaiksteinchen finden. Nur Reste von Granitplatten mit eingravierten Rillen, die sich ihrer Motive entledigt haben.

"Keinen Dichter noch ließ seine Heimat los"

Der Geist Eichendorffs auf Schloss Lubowitz

Denkst du des Schlosses noch auf stiller Höh?
Das Horn lockt nächtlich dort, als ob's dich riefe,
Am Abgrund grast das Reh,
Es rauscht der Wald verwirrend aus der Tiefe.-
O stille, wecke nicht! es war als schliefe
Da drunten unnennbares Weh.-

Kurz hinter Ratibor verlasse ich die vielbefahrene Hauptstraße und biege auf eine Landstraße Richtung Norden ab. Die Straße ist schmal und wenig befahren, selbst der Mittelstreifen hält sich für überflüssig. Die dichten Häusermassen Ratibors sind einer Landschaft gewichen, die jener von Eichendorff in seinen Gedichten besungenen sehr nahe kommt. Kleine Hügel, flache Täler, hier und dort mal ein Gehöft mit Ställen. Es ist Winter, und die hohe Schneedecke tut ein Übriges, um die Ruhe und Einsamkeit dieses Landstrichs hervorzuheben. Nach einigen Kilometern misstraue ich dem Weg, frage einen Bauern am Wegrand nach dem Ort Łubowice. „Immer weiter die Straße entlang", antwortet er mir auf Deutsch und macht eine Handbewegung in Richtung Unendlichkeit. Hinter einem mit Bäumen bewachsenen Hügel erblicke ich dann endlich das lang ersehnte Ortsschild: *Łubowice*. Irgendwie überrascht es mich, diesen Namen auf einem Ortsschild wiederzufinden, noch dazu in polnischer Sprache. Seit meiner Schulzeit existierte Lubowitz für mich nur als Synonym für einen romantisch verklärten Heimatbegriff, bestenfalls als Schloss und viel besungene Geburtsstätte des Dichters Joseph von Eichendorff.

Nach weiteren wenigen Metern weist mir schon ein Schild den Weg zum Ziel meiner Reise, zur Ruine des Schlosses, in dem der Dichter am 11. März 1788 zur Welt kam. Und gleich nach der Kurve erhebt sich das Objekt meiner Sehnsucht auch schon vor mir. Eine rote Backsteinwand blickt mich aus zwölf leeren Fensterhöhlen aus der Ferne an. Ohne Dach, ohne Putz, als hätte der Lauf der Zeit dieses ehemalige Adelsschloss regelrecht skelettiert. Ich fühle mich unwohl dabei, mich diesem Ort mit dem Auto zu nähern, und stelle es sogleich auf dem Parkplatz gegenüber dem Kulturzentrum ab. Außer mir hat zu dieser Jahreszeit offensichtlich nicht einmal ein Tourist Sehnsucht nach diesem Ort. Die Umgebung der Ruine ist menschenleer. Und als ich den Motor abstelle und aus dem Auto steige, ist die Stille gespenstisch. Nie wäre ich als Schüler auf den Gedanken gekommen, dass dieser Ort sich heute in Polen befindet. Überhaupt hatte ich mir über das tatsächliche Vorhandensein dieses Schlosses keine Gedanken gemacht. Es genügte mir, die Anspielungen an diesen Ort in Eichendorffs Gedichten und Erzählungen zu entschlüsseln. Es existierte für mich durch den „Taugenichts“ oder das „Schloß Dürande“, hatte Gestalt angenommen jenseits eines geographisch fixierbaren Ortes. Die Atmosphäre meines Klassenzimmers ließ mich damals ausschließlich in Interpretationsspielräumen wandeln, alles Beschriebene wirkte verträumt und blau, Ziegelsteine kamen nicht vor. Die Realität hinter den Orten und Personen romantischer Dichtung blieb mir damals verborgen, vielleicht auch, weil sie mich nicht interessierte.

Nun steht das Schloss vor mir, oder das, was von ihm übrig geblieben ist. Es erhebt sich einem Altar gleich zwischen den Bäumen, vom Krieg zerstört, ohne seine Würde verloren zu haben. Der Schnee unter mir knirscht, als ich mich der Ruine nähere. Es fällt mir erstaunlich leicht, den kleinen Joseph hier in die Landschaft zu setzen, ihn umhertollen, mit seinem Bruder Wilhelm Fangen spielen zu lassen zwischen den Bäumen der Hasenallee. Und mit Hilfe einer Tafel, die ein Bild des Schlosses aus der Vorkriegszeit zeigt, gelingt es mir, der Ruine in Gedanken ihre ursprüngliche Form zurückzugeben, dem Seitenflügel ein imposantes Hauptgebäude anzugliedern, das geradezu majestätisch in der Landschaft thront.

Immer wieder ist Eichendorff zum Schloss zurückgekehrt, zum Wohnsitz seiner Eltern, hat Ruhe und Einkehr gesucht zwischen seinen Reisen in die Fremde, nach Halle, Heidelberg, Hamburg oder Paris. Ein Dichter auf ewiger Wanderschaft, der wie der Taugenichts in die Welt hinauszog, um seine Heimat romantisch verklären zu können. „Du weißt, dort in den Bäumen / Schlummert ein Zauberbann, / Und nachts oft, wie in Träumen, / Fängt der Garten zu singen an.“. So schreibt der Dichter in Versen an seinen Bruder. Und um den zahlreichen deutschen Touristen, die im Sommer hierher pilgern, literarisch etwas auf die Sprünge zu helfen, hängen um die Ruine herum überall kleine Tafeln, die dem Besucher die Verse Eichendorffs ins Gedächtnis rufen. An der Mauer der Ruine ist zudem ein großes Porträt des Dichters angebracht, daneben ein Band mit der Aufschrift: *Keinen Dichter noch ließ seine Heimat los*.

Ich bin überrascht, wie sehr dieses einsturzgefährdete Überbleibsel einer einstigen Idylle noch immer in der Lage ist, dem Besucher eine Begegnung mit dem Geiste Eichendorffs zu ermöglichen. Wie die

Dichtung Eichendorffs, so appelliert auch dieser Ort an die Bereitschaft des Besuchers, sich auszuklinken aus den Zwängen des Alltags, in sich zu gehen und den Blick über die Wipfel der Baumallee hinaus in die Unendlichkeit des Himmels schweifen zu lassen. Der Ort lässt mich vergessen, dass ich mich unweit des oberschlesischen Industriegebietes auf polnischem Boden befinde, nur die Zweisprachigkeit der an den Bäumen angebrachten Tafeln zeugt davon. Ich kann mir nur schwer vorstellen, dass Eichendorff mit seinen Freunden in der hier üblichen polnisch-deutschen Mundart sprach und auch Polnisch verstand. Zu sehr habe ich bislang sein Werk mit einem allzu deutschen Heimatverständnis verbunden. Doch für die nach 1945 hier verbliebenen deutschen Oberschlesier hat gerade dieses Thema ihn zum Inbegriff des Dichters der verlorenen Heimat gemacht. Ihre Sehnsucht nach den alten Zeiten fanden sie in seinen Versen wieder.

Auf dem alten Friedhof unweit der Ruine muss ich feststellen, dass auch Eichendorff die Nachkriegszeit nicht unbeschadet überstanden hat. Aus einem Denkmal, das ihm zu Ehren in den 30er Jahren errichtet wurde, sind unmittelbar nach dem Krieg alle deutschen Inschriften ausgemeißelt worden. Nichts sollte mehr an die deutsche Vergangenheit dieses Ortes erinnern, schon gar nicht der Heimatdichter Eichendorff. Und so fiel auch die Ruine mehr und mehr der Überwucherung zum Opfer, war Mitte der 80er Jahre kaum noch auszumachen zwischen den Bäumen und Sträuchern, die sie in Beschlag genommen hatten. Erst der politische Umbruch brachte sie wieder ans Tageslicht, ließ sie zum Altar jener Deutschen werden, die endlich wieder anerkannt wurden und ihre Sprache und Kultur aufleben lassen durften. Kein Wunder, dass die Verse Eichendorffs auf den Tafeln mit zahlreichen Rechtschreibfehlern durchsetzt sind.

45 Jahre haben Spuren hinterlassen, auch in der Sprache der hiesigen Minderheit. Doch sie hat diesem Ort wieder Leben eingehaucht und ein modernes Kulturzentrum errichtet, in dem auch ein Raum zum Gedenken an das literarische Schaffen des Dichters untergebracht ist. Sie hat das Werk des Dichters neu entdeckt und durch den Verlauf der Geschichte neue Interpretationsmöglichkeiten erschlossen, den Heimatbegriff auf ihre Weise auszulegen gelernt.

Ich verweile vor zwei alten Glocken der ehemaligen Pfarrkirche, die neben den Gräbern der Familie Eichendorffs ebenfalls auf dem Friedhof ihre letzte Ruhestätte gefunden haben: *Zum Andenken an deinen Besuch schlag leicht die Glocken und bete für die Familie Eichendorff, für die Soldaten und alle, die hier ruhen.* Ich komme der Aufforderung der Tafel nach und ein kleiner Schauer durchläuft mich, als der dunkle, gusseiserne Klang über den Friedhof zieht und ich die ersten Zeilen des Gedichtes „Sonntag“ überfliege: „Weit in das Land die Ström' ihr Silber führen / Fern blau Gebirge duftig hingezogen / Die Sonne scheint, die Bäume sanft sich rühren / Und Glockenklang kommt auf den linden Wogen“.

Es ist an der Zeit, Abschied zu nehmen von diesem Ort. Durch eine kleine Eisentür, die mit einem Eichenlaubkreuz verziert ist, das an das einstige Wappen der Eichendorffs erinnern soll, verlasse ich den Friedhof und kehre zum Auto zurück. Unnatürlich und grausam durchbricht der Motor die Stille. Hinter mir lasse ich die Ruine, die mir durch ihre offenen Fenster noch ein paar Meter nachblickt, bevor ich auf die Landstraße abbiege, die so einfühlsam Romantik und Realismus zu verbinden versteht.

+26.1.1945
P. KUPKA
J. KLUDZIK
LEBEK
J. KROKER
R. KUPKA
L. URBANEK
J. SYREK
R. PIEŁKA
D. KINDLEIN
BIDERMAN
R.I.P.

Gräber in Gärten

Bei einem Spaziergang durch eine kleine Siedlung in Gleiwitz stoße ich auf ein Gemeinschaftsgrab, das sich mitten in einem der privaten Gärten befindet. Zwischen Obstbäumen und Wäscheleinen. Zehn Namen stehen auf einem Holzkreuz, alle mit dem gleichen Todesdatum: 26.1.1945. In der Nähe entdecke ich ein weiteres Grab in einem Garten, ebenfalls mit diesem Datum.

Auf dem Nachbargrundstück arbeitet ein älterer Mann, den ich nach der Geschichte dieser Gräber frage. Mit langsamem Schritt kommt er zu mir an den Zaun und öffnet mir das Gartentor. „Wissen Sie", sagt er, „das ist keine Geschichte, die man über den Gartenzaun erzählt". Dann lädt er mich zu einem Kaffee in sein Haus ein. Er stellt sich mir als Heinz Syrek vor und sofort erinnere ich mich an diesen Namen, der auch auf dem Kreuz des Grabes aufgelistet war.

Der Vater von Heinz Syrek war im Januar 1945, als die Rote Armee nach Oberschlesien einrückte, zusammen mit zwölf anderen Oberschlesiern von russischen Soldaten erschossen worden. Die Soldaten klingelten damals an den Häusern dieser Siedlung, die in den 20er Jahren gebaut worden war für Deutsche aus dem polnischen Teilungsgebiet. Wenn Männer öffneten, schleppten sie diese auf die Kommandantur, kurz darauf wurden sie erschossen. So auch am 26. Januar 1945, als dreizehn Personen, darunter der Vater von Heinz Syrek, in einem Straßengraben unweit der Siedlung mit Genickschuss hingerichtet wurden. Zusammen mit seiner Mutter und den Verwandten der anderen Opfer holte der Sohn die Leichen mit einem Schlitten ab und brachte sie in einen der kleinen Bunker, die einige Oberschlesier in ihren Gärten zum Schutz vor Angriffen angelegt hatten. Ein paar Wochen später, im April 1945, bauten sie den Bunker in ein Grab um. Und so ist es geblieben, bis heute.

Als ich Heinz Syrek, der damals 12 war, nach den Motiven der Russen frage, zuckt er die Schultern. Damals brauchte man keine Motive. Die Russen machten es so, weil die Deutschen es genauso gemacht hatten. So einfach war das. Sein Vater war damals 49 Jahre alt und Invalide aus dem Ersten Weltkrieg. Mit den Kämpfen im Zweiten Weltkrieg hatte er nichts mehr zu tun. Aber selbst ein Pole, der am Warschauer Aufstand teilgenommen hatte und nach Oberschlesien geflüchtet war, wurde an diesem Tag von den Russen erschossen. Keiner der Russen stellte Fragen, niemand prüfte die Nationalität der Bewohner, was in Oberschlesien ohnehin fast unmöglich war. Die Mundart, die die Leute hier sprachen, erschien den Russen eher deutsch als polnisch, obwohl auch die Deutschen davon nichts verstanden. Im Januar 1945 herrschte Krieg, und im Krieg herrschte der Zufall über Leben und Tod. So wie hier in dieser Siedlung, wo die Toten von damals noch immer in den privaten Gärten der Häuser begraben sind.

Als ich nachfrage, warum die Opfer nicht auf den Friedhof überführt worden seien, lacht Heinz Syrek nur kurz. Wer das bezahlen solle, fragt er. Außerdem gefällt es ihm, wenn er an Allerheiligen nur in den Garten zu gehen braucht, um der Toten zu gedenken. Dort trifft er sich dann mit den wenigen noch verbliebenen anderen Verwandten der Opfer. Sie zünden gemeinsam Kerzen an, beten und singen ein paar Lieder. Das Grab eines Deutschen im Nachbargarten, der ebenfalls bei der Hinrichtung damals umgekommen ist, wird heute von den Polen gepflegt, die danach in das Haus gezogen sind. Mit den Angehörigen in Deutschland schreiben sie sich Briefe, manchmal bekommen sie auch etwas Geld für die Grabpflege.

Eigentlich leben nur noch drei Angehörige hier, erzählt mir Heinz Syrek, die anderen sind gestorben oder nach Deutschland ausgewandert. Auch seine Tochter lebt in Deutschland, arbeitet als Übersetzerin in Marktredwitz. Heinz Syrek hofft, dass sie irgendwann einmal über die Geschehnisse in ihrem Heimatort berichten wird, vom Tod ihres Großvaters und seiner Beerdigung im Garten. Doch ob es dazu kommt, weiß er nicht. Die jungen Menschen wühlten nicht gern in den Geschichten der Vergangenheit, sie blickten nach vorne, müssten sich ihre Zukunft sichern, sagt er.

Am Schluss gehen wir noch einmal gemeinsam zum Grab und ich mache ein Foto mit Heinz Syrek. „Wissen Sie, was wir uns wünschen würden?“, fragte er mich beim Abschied. „Einen Grabstein, einen richtigen, aus Marmor, so wie in Deutschland. Mit allen Namen der Toten“. Doch die Rente reicht dafür nicht. Und die Zeit schreitet voran, schließlich sei er auch schon über 70. Und so wird das Kreuz wohl bleiben. Wie lange, weiß er nicht.

Gleiwitz

Besuch im Gleiwitzer Sender

Als Schüler hatte ich immer eine merkwürdige Vorstellung vom deutschen Überfall auf den Gleiwitzer Sender im September 1939. Ich sah zwei oder drei Moderatoren mit Kopfhörern an einem Mischpult sitzen, fröhliche Scherze machen und ab und zu Schallplatten wechseln. Plötzlich standen Soldaten in der Tür, uniformiert, mit Gewehren im Anschlag, die in den Raum stürmten, die Moderatoren erschossen und in das bereitstehende Mikrofon auf Polnisch ihre Provokation brüllten: „Achtung! Achtung! Hier ist der Sender Gleiwitz. Der Sender befindet sich in polnischer Hand ...“ Einmal fragte ich meinen Lehrer, woher die deutschen Soldaten denn polnisch gekonnt hätten, doch darauf wusste er mir auch keine Antwort zu geben. Vielleicht hat es einer gelernt. Wenigstens diesen Satz. Oder es sprach zufällig einer polnisch. Wichtig erschien dem Lehrer diese Frage jedenfalls nicht und er fuhr fort im Stoff.

Als sich die Silhouette des Gleiwitzer Sendeturms tiefschwarz am Horizont erhebt, fühle ich mich im ersten Moment an den Pariser Eiffelturm erinnert. Die Gestalt des Turmes, der erst 30 Jahre nach seinem französischen Vorbild erbaut wurde, zwingt diesen Vergleich dem Betrachter förmlich auf. Wahrscheinlich ergeht es den Gleiwitzern umgekehrt, und sie fühlen sich an ihren Sendeturm erinnert, wenn sie dem Turm in Paris gegenüberstehen. Die bauliche Verwandtschaft ist verblüffend, doch das Geheimnis sollte sich bald schon lüften.

Ich stelle mein Auto im Vorhof der Sendestation ab und läute an der Eingangstür. Jan, der seitens der Stadt Gleiwitz mit der Betreuung von Gästen beauftragt ist und bei dem ich meinen Besuch angemeldet hatte, öffnet mir. Außer uns beiden ist niemand in der Station, und so freut er sich über diese willkommene Abwechslung. Er ist ein polnischer Schlesier und liebt diese Station und ihre Geschichte, als sei sie ein Teil seiner eigenen Familie. Jedes Detail, jede Anekdote sammelt er, um sie in seiner erst im Jahr 2002 errichteten Begegnungsstätte der Nachwelt zu vermitteln. Die deutsche Sprache beherrscht er nicht.

Als wir den kleinen Saal mit dem riesigen schwarzen Pult, einem Telefon und einem alten Lautsprecher betreten, sehe ich sofort wieder meine beiden Moderatoren vor mir. Ja, irgendwie so hatte ich mir das vorgestellt. Nur den Plattenspieler vermisse ich, und ein Regal für die Schallplatten. Aber ich brauche Jan gar nicht danach zu fragen, denn er weiß auch so, in welche Richtung sich die Gedanken seiner Besucher bewegen. „Hier wurde nie Musik gespielt", erzählt er, denn die Deutschen haben versehentlich den falschen Sender überfallen. Diese Station diente nur als Verstärkerstation der Hauptstation, die sich vier Kilometer entfernt befand. Hier gab es nur ein provisorisches Mikrofon für Sturmwarnungen oder Katastrophenschutz. Als die Provokateure das Mikrofon in die Anlage steckten und ihre Parolen hineinbrüllten, streikte das Gerät schon nach wenigen Sekunden. Wegen technischen Versagens. So hatte ich mir den Kriegsanfang freilich nicht vorgestellt. Und selbst in den Worten von Jan scheint sich der Spott mit Mitleid zu vermischen mit dem halben Dutzend Soldaten, die von SS-Gruppenführer Reinhard Heydrich auf diese schlecht vorbereitete Mission geschickt worden waren. „Im Übrigen stürmten die Soldaten die Station in Zivil und nicht in

Uniform“, erzählt Jan. Am 31. August, Punkt acht Uhr. Sechs Mitarbeiter des Senders wurden erschossen, nur einer überlebte, weil er sich außerhalb des Gebäudes aufhielt. Und mit dem Grinsen eines Lehrers, der für seine Schüler eine Überraschung bereithält, zeigt er mit dem Finger auf eine große Uhr, die auf Punkt acht zeigt. „Die originale Siemensuhr von damals“, sagt Jan. Die vermeintlich polnischen Soldaten hatten sogar eine konservierte Leiche dabei, den polnischen Schlesier Franciszek Honiok, um den Angriff als polnischen Angriff glaubhafter zu machen. Das Code-Wort lautete „Großmutter gestorben“. Und je mehr mir Jan über dieses Ereignis im August 1939 erzählt, umso weniger kann ich glauben, dass dies das wahre Gesicht jener Geschichte ist, die ich im Schulunterricht so achtlos gelernt habe. Das Szenario eignete sich für eine Farce, wäre es nicht als Tragödie inszeniert worden.

Jan öffnet einen Schrank, holt das Mikrofon von damals heraus und steckt es in die Anlage. „Voilà!“, sagt er und reicht es mir mit einem Lachen. „Keine Angst, es funktioniert nicht. Sprechen Sie eine Provokation! Soll ich Ihnen ein Foto machen?“ Und mir verschlägt es die Sprache. Fast siebzig Jahre nach Ausbruch des Zweiten Weltkriegs schließt mir ein Pole das Mikrofon im Gleiwitzer Sender an und reicht es mir für ein Statement. Meine Hände zittern ein wenig, und ich schiebe es auf das schwere Gerät in meinen Händen, in der Gewissheit, dass ich mich belüge in diesem Moment. Was soll ich sagen? Nichts. Dann wäre Jan vielleicht enttäuscht. Eine Phrase auf die deutsch-polnische Freundschaft. Das ist lächerlich. Die provozierenden Worte von damals. Ein schlechter Witz. Was sagt ein Deutscher heute in dieses Mikrofon? Spontan kommt mir die Idee, einen Schülerwettbewerb dazu auszuschreiben, ich muss diesen Gedanken aber kürzen, denn Jan wartet mit dem Fotoapparat. Will erst abdrücken, wenn ich etwas sage. Und ich sage, was ich denke. Dass ich mich der Geschichte noch nie so nahe gefühlt habe wie in diesem Augenblick. Klick. Jan reicht mir den Fotoapparat.

Wir gehen nach draußen und Jan sperrt das Tor auf, das zum Areal des Turmes führt. Man müsse den Turm unmittelbar von unten betrachten, dann erfühle man seine Höhe, sagt Jan, und fügt nicht ohne Stolz hinzu: mit 110 Metern die höchste Holzkonstruktion der Welt, bis heute. In der Hand hält er eine riesige Messingschraube. 16000 Stück davon halten die Balken aus Lärchenholz zusammen. Zweimal im Jahr werden sie nachgezogen, so kann der Turm noch viele Jahre stabil gehalten und an andere Nutzer vermietet werden. Und tatsächlich hängen zahllose moderne Satellitenschüsseln und Antennen wie Parasiten an dem gewaltigen Holzbau, zehren von seiner Höhe. Als ich Jan auf die Ähnlichkeit des Senders mit dem Pariser Eiffelturm aufmerksam mache, hebt er bedeutungsvoll den Zeigefinger. „Die Mutter beider Türme", sagt er, „ist die Technik. Nur diese spezifische Form verbindet den geringsten Bauaufwand eines Turmes mit der größtmöglichen Höhe. Das gilt für den Eiffelturm. Und für den Sender". Und ich habe wieder etwas gelernt.

Ich stelle mich unmittelbar unter den Turm und trete vor Schreck sofort einen Schritt beiseite. Jan lacht: „So geht es allen Touristen. Man glaubt, der Turm bricht über einem zusammen. Aber das macht die Optik." Beruhigt und etwas beschämt stelle ich mich wieder unter den Turm und blicke die schwarzen Balken hinauf in den Himmel. Ein unglaublicher Anblick. Und im Innern des Konstrukts hängt noch immer jener Draht, der den eigentlichen Anlass für den Turmbau und die ganze Station um ihn herum lieferte. Ein unscheinbarer, dünner Metalldraht. Und wie ich an ihm emporschaue, blicke ich zugleich in die Geschichte zurück, zum Anfang des Weltkriegs und was dann folgte zwischen Deutschland und Polen, und schaue plötzlich wieder in das Gesicht von Jan, der mir noch irgendetwas Technisches erklärt, das ich nicht verstehe. Mich bewegt schon längst etwas anderes. Etwas, das irgendwo jenseits der Sprache im Verborgenen liegt, zwischen mir und Jan, die wir uns gar nicht kennen, und doch an diesem Ort Signale aussenden, wie zwei kleine Sendetürme. Friedliche Signale. Fast möchte ich denken: freundschaftliche.

Mittlerweile ist es dunkel geworden. Nach mehr als einer Stunde verabschiede ich mich von Jan. Bewegt von den Eindrücken, erschlagen von den Informationen, dankbar, diesen Augenblick erlebt haben zu dürfen. Ich setze mit dem Auto zurück aus der Einfahrt und fahre wieder Richtung Kattowitz. Im Rückspiegel sehe ich noch, wie sich der schwarze Turm plötzlich in einem strahlend weißen Lichtkegel befindet. Beleuchtet von Scheinwerfern, die ihn einer gespenstischen Gestalt gleich in den Nachthimmel zeichnen. Ich halte am Wegrand an und steige noch einmal aus. Und muss unwillkürlich schmunzeln über meine Vorstellungen, die ich in der Schule von diesem Ort hatte.

Nikischschacht

Eine Bergarbeitersiedlung mit grauen Haaren

Es beginnt schon zu dämmern, als mein Taxi aus Kattowitz von einer viel befahrenen Hauptstraße plötzlich nach links abbiegt, ein rotes Backsteintor passiert und mich an einem kleinen Platz vor einer Kirche aussteigen lässt. „To tu", sagt der Fahrer, hier ist es, und ich habe das Gefühl, beim Durchfahren des Tores eine andere Dimension betreten zu haben. Selten zuvor habe ich einen solchen Gegensatz zwischen zwei Welten erlebt wie vor und hinter diesem Backsteintor. Und ich ertappe mich dabei, wie ich den Taxifahrer und sein Auto einen Moment misstrauisch mustere, als handelte es sich bei seinem Gefährt um eine Zeitmaschine. Doch der Preis ist gegenwärtig, und ich entlasse ihn schuldlos in seine alte Welt.

Ich bleibe zurück auf dem menschenleeren Platz, der in Totenstille den Sonnenuntergang über sich ergehen lässt. Über dem Hauseingang vor mir steht *Poczta*, Post, geschrieben, darüber sind in zwei Reihen sechs wunderschöne Rosen aufgemalt, als hielten sie sich mit ihren Blättern an den Händen. Sechs Rosen. Sonst kein Lebenszeichen an diesem Ort. Selbst die Kirche der Heiligen Anna, die mitten auf dem Platz thront wie eine Königin ihres Reiches, ist abgesperrt um diese Zeit, was selten ist in Polen. Ihre silberne Kuppel gleicht einer den Himmel reflektierenden Krone, die anerkannt wird von allen hier. Sie steht im Zentrum dieser so eigenartigen Welt um sie herum, die sie umrahmt, ihr zu Füßen liegt. Vielleicht aus Überzeugung. Vielleicht mangels Alternativen.

Von allen Seiten blicken gewaltige, symmetrisch um große Höfe angelegte Wohnblöcke aus dunkelrotem Backstein auf mich nieder, als ob sie mich aus Hunderten von hellrot, wie mit Lippenstift geschminkten Fensterrahmen fixierten, mich fragten: Wer bist du. Was willst du. Woher kommst du. Und fast möchte ich mich entschuldigen dafür, dass ich eingetreten bin, hier, in Nikiszowiec, jenem Stadtteil von Kattowitz, in dem die Zeit stehen geblieben ist hinter einem Tor, ein Jahrhundert lang. Selbst die Luft und der Himmel erscheinen mir durch die Wucht dieser alten Häuserblöcke etwas älter, etwas dunkler, das Licht wird absorbiert durch die Schatten, die sich ausbreiten in den gleichmäßigen Karrees.

Unbewusst vorsichtig biege ich in eine der Wohnstraßen ein und gelange in einen der riesigen Höfe. In der Mitte befindet sich ein Spielplatz. Ein Sandkasten, eine Schaukel, ein Karussell, eine Wippe. Das Ensemble gleicht eher dem konservierten Relikt einer längst nicht mehr existierenden Epoche als einer Spielstätte. Auch von Kindern fehlt jede Spur. Die Schneedecke liegt unverletzt über dem Platz, nicht ein Schneeball, nicht ein Schneemann wurde ihr abverlangt. Und bellte nicht irgendwo ein Hund, so könnte man meinen, dieser Ort sei stillgelegt, sich selbst überlassen, ausgesperrt vom Wandel der Zeit um ihn herum.

Über einem der Wohnblöcke erheben sich ein paar Meter weiter zwei riesige Schornsteine einer Industrieanlage, unweit davon liegen die Fördertürme der Kohlegrube „Wieczorek“. Anfang des 20. Jahrhunderts wurde Nikischschacht gegründet als Siedlung für die zahlreichen Bergarbeiter der Region, die hier mit ihren Familien wohnen konnten. In ihren Wohnungen konnten sie essen, schlafen, sich erholen von den Anstrengungen unter Tage. Mehr brauchte es nicht. Nur Wohnungen. Und eine kleine Bahn mit Namen „Balkan“, die die Arbeiter zur Grube nach Giszowiec beförderte. Die Bahn gibt es nicht mehr, aber die Wohnblöcke sind geblieben. Und jene Familien, deren Männer noch Arbeit haben in den wenigen noch bestehenden Gruben. Überall an den Gehwegen parken ihre Autos, welche die Bahn ersetzt haben. Die Jüngeren haben sich meist schon aufgemacht durch das Tor in die Gegenwart, sich den neuen Bedingungen außerhalb angepasst, dort ihr Glück versucht. Die Alten sind geblieben. Sitzen hinter den Fenstern, schauen fern oder lesen Zeitschriften. Nach einer halben Stunde begegne ich in einem Hofeingang einem alten Mann, der, Zigarette rauchend, einen kleinen Dackel ausführt und mich misstrauisch mustert. Irgendetwas verrät ihm sofort, dass ich nicht hierher gehöre. Vielleicht, weil hier jeder jeden kennt. Oder mein Alter. Oder mein neugieriger Blick auf diese für ihn so einfache Welt. Hunde gibt es hier viele. Darauf verweist auch das Schild an der Schule, das ihnen den Zutritt auf den Schulhof verwehrt. Auch der Konsum von Alkohol ist an der Schule verboten. Vielleicht macht er der Kirche hier Konkurrenz.

Die Hunde kommen mit dem Stillstand leichter zurecht als die Kinder, denen der Spielplatz längst nicht mehr ausreicht. Doch die Hunde tragen die Erinnerung nicht weiter, sondern fressen sie auf. Wie ihr Futter. Ohne jede Sentimentalität. Wenn mal kein Hund bellt, macht sich wieder diese unheimliche Stille breit. Es ist so still, dass mir der Wasserstrom unter jedem Kanal wie ein rauschender Fluss vorkommt, der unbeachtet von der Welt seiner Bestimmung nachgeht.

Einer der Backsteinbalkone, die alle kasernengleich in dunkelroter Uniform mit hellrotem Rahmen auf mich herabschauen, ist knallgelb getüncht. Wie gerne würde ich unten klingeln und den Besitzer fragen, warum das so ist. Revolution? Ein Aufstand gegen die Zeit? Oder einfach nur ein junges Paar mit Humor? Aber ich läute nicht, sondern überlasse die Erklärung meiner Fantasie. Ich fühle mich fremd hier, unsicher in dieser Dimension, in der eine Digitalkamera wirken muss wie von einem anderen Stern. Wie selbstverständlich verberge ich sie unter meiner Jacke, um nicht noch mehr Aufsehen zu erregen durch meine Anwesenheit.

Der Taxifahrer hatte mich gefragt, was ich in Nikiszowiec zu erledigen habe und ob er warten solle. Ich hatte abgelehnt, ihm gesagt, dass ich mir diesen Ort einfach nur anschauen, dort spazieren gehen wolle, worauf er mir kopfschüttelnd zu verstehen gab: Da gibt es nichts zu sehen. Nur Häuserblocks. Und er hatte Recht. Doch die Magie dieser Häuserblocks, die Fähigkeit ihrer Mauern, durch sie wie durch ein geheimnisvolles Prisma in eine andere Zeit blicken zu können, lässt sich nicht fotografieren, nicht touristisch vermarkten, nur erfühlen, beim Spazierengehen erlaufen, beim Blick durch die Fenster erahnen. In einem der Fenster stehen ein riesiges Stoffnilpferd und eine Stoffgiraffe. Beide Tiere sind so groß, dass sie den gesamten Rahmen ausfüllen. Es gibt sie also, die Kinder. Oder das, was von ihnen übrig geblieben ist.

Von einem der Kamine auf den Dächern steigt schwarzer Rauch auf. Färbt die Luft an diesem späten Winternachmittag noch dunkler, als sie ohnehin schon ist. Selbst der Schnee hellt diesen Ort nicht auf, im Gegenteil, er macht das Dunkel noch sichtbarer. Immer wieder treffe ich jetzt in den Höfen auf Menschen, meist ältere, die ihre Hunde ausführen oder in ihr Auto steigen, um eine Zeitreise ins

Heute anzutreten. Aber sie kehren zurück. Immer. Denn im Alter entflieht man nicht mehr seiner Welt. Man bleibt ihr treu.

Ort ohne Ort II

Im Marktgetümmel

Noch bevor ich auf den Auslöser meines Fotoapparates drücken kann, hält mir jemand seine Hand vor die Linse und faucht mich an. „Was suchen Sie hier? Was wollen Sie fotografieren? Weg da, weg da!“ Der Mann spricht polnisch, allerdings mit Akzent. Ich hüte mich, ihn danach zu fragen, packe meinen Fotoapparat wieder ein und verschwinde mit einer eine Entschuldigung heuchelnden Geste im Menschengewühl.

Vor zwanzig Jahren hätte ich in diese Situation vor jedem Bahnhof und jedem Staatsgebäude eines damals noch kommunistischen Regimes geraten können. Dann wäre ein Polizist angerückt, hätte mir bestenfalls den Film aus der Kamera genommen oder mich schlimmstenfalls sogar verhaftet. Hier und heute dagegen, auf einem Markt in einer polnischen Kleinstadt, ist es kein Polizist, der mich anhält, sondern einer der zahlreichen Verkäufer. Ein zweiter ist ihm gleich zur Seite gesprungen und in den Augen einiger anderer Verkäufer kann ich schnell lesen, dass mich hier niemand in Schutz nehmen würde. Kunden, die einkaufen, sind hier gerne gesehen, und der Markt ist voll davon. In der Mehrheit Frauen, aber auch viele ältere Männer. Doch wer hierher kommt, um zu fotografieren, verbreitet Angst und Misstrauen unter den Händlern. Nicht unter allen freilich, doch einige fühlen sich offenbar nicht wohl dabei, mit ihrer Ware auf Bildern festgehalten zu werden. Dabei wollte ich nur einen harmlosen Stand mit Dutzenden von bunten Büstenhaltern fotografieren.

Auf diesen typischen und in fast jeder polnischen Stadt anzutreffenden Budenmärkten wird fast alles verkauft, was sich schleppen oder herfahren lässt. Ersatzreifen, Kleider, Passhüllen, Schlüsselanhänger, Obst, Gemüse, Ledergürtel, und manchmal tschilpt auch ein Wellensittich aus einem der Käfige. Gerade die Büstenhalter haben es mir heute angetan, wie sie in bunten Farben und diversen Größen feinsäuberlich aufgehängt ihre Körbchen im Wind wiegen. Wie Brillen, die die Passanten mustern, glotzen sie dabei aufs Getümmel. Doch das Lachen über die BHs ist mir schnell vergangen. Vielleicht liegt die Herkunft mancher dieser Produkte im Unklaren, sind deren Wege von der Produktion zu den Auslagetischen so verschlungen, dass ein Fotoapparat Ängste weckt und Unruhe hervorruft. Oder erinnert der Fotoapparat die meist älteren Verkäufer an jene Zeiten, als überwachende Maßnahmen an jeder Ecke lauerten? Ich weiß es nicht, allerdings hält sich mein Interesse in Grenzen, mit den Verkäufern die Frage auszudiskutieren.

Schnell bin ich eins geworden mit dem zähen Menschenstrom, der sich durch die engen Gänge zwischen den Buden nur mühsam seinen Weg bahnt. Ab und zu bleibe ich stehen, bewundere die verschiedenartigen Brauntöne der Nussarten, die unterschiedlichen Gelbtöne der Käsesorten oder die in der Sonne sich spiegelnde Farbenvielfalt der Obst- und Gemüsestände. Überall ragen aus den kunstvoll zu Bergen angehäuften oder sauber in Kartons geschichteten Produkten kleine Schilder hervor, welche den Kilopreis angeben. Dabei sind die Verkäufer beim Abwiegen meist großzügig, runden eher ab statt auf, und auch die Kinder dürfen schon mal kostenlos in die Walnusstüte greifen, um sich als Werbeträger vor der elterlichen Geldbörse zu profilieren. Wenn sich die Mutter dann entschieden hat, füllt der Händler die gewünschte Ware in der gewünschten Menge mit Hilfe einer kleinen Schaufel in kleine Plastiktüten. Allein schon der Anblick und das Geräusch, wie die Schaufeln in den Körben aus Walnüssen, Bohnen oder Buchweizen verschwinden, weckt bei mir die Lust zum Kaufen. Nur selten geht etwas daneben, und wenn doch mal etwas auf den Boden fällt, sind Tauben und Spatzen zur Stelle, die sich ebenfalls ihren Freiraum zwischen den vielen umherlaufenden Schuhgrößen erkämpfen müssen.

Einen Gang weiter reiht sich ein Kleiderstand an den anderen. Von Hosen über Blusen bis hin zu Unterwäsche und Pelzmänteln findet sich hier alles. Und ich bewundere die Frauen, wie sie mit geschultem Blick und einem kurzen Griff an den Stoff Größe und Qualität abzuschätzen vermögen. Anprobieren kann man nichts, schon gar nicht Unterwäsche. Manche zögern deshalb, andere wiederum wollen sich nur umschauen, wieder andere greifen entschlossen zum Geldbeutel, nicht ohne noch nach einem Preisnachlass zu fragen. Weil die Ware in der Sonne hing, zum Beispiel. Oder sich ein Fleck am Ärmel befindet. Oder die Verpackung beschädigt ist. Meistens finden sie aber doch zusammen, Käufer und Verkäufer, und am Schluss trennen sie sich zufrieden in dem Glauben, dass sie beide ein gutes Geschäft gemacht haben.

Schwer zu sagen, was gerade diese Märkte von anderen Märkten in der Welt unterscheidet. Vielleicht ist es das Wellblech über den Buden, oder der Versuch, durch ihre Anordnung im Schachbrettmuster eine Art Stadt in der Stadt zu erschaffen. Vielleicht sind es auch nur die vielen Złotyschilder, die alle Waren auszeichnen, die scheinbare Großzügigkeit der Verkäufer oder die häufig auffallend hübsche Kleidung der Frauen, die sich durch die nicht gerade sauberen Gänge schieben. Vielleicht gibt es auch gar keinen Unterschied zu anderen Märkten in anderen Ländern, doch die Tatsache, dass ich ihnen in fast jeder polnischen Stadt begegne, lässt sie mich mit Polen unweigerlich in Verbindung bringen.

Nachdem ich noch einen ganzen Stand mit Feuerzeugen, einen weiteren mit Autoersatzteilen und schließlich einen mit Aquarienfischen passiert habe, stoße ich wieder an jenes Eck mit den BHs, die noch immer farbenfröhlich auf die vorbeispazierende Kundschaft herabblicken. Ich nutze die Gunst der Stunde, dass die nahe stehenden Verkäufer in Gespräche verwickelt sind, und schieße doch noch mein Foto, das mir beim Betreten des Marktes noch verwehrt worden war. So bin auch ich schließlich fündig geworden auf diesem Markt, habe ein Souvenir bekommen, wenn auch unerwünscht und begleitet von wenig freundlichen Blicken der Verkäufer. Aber ich kann es ihnen nicht verdenken. Ein Fotograf, der auf einem Markt einen Stand mit BHs ins Visier nimmt, muss freilich Misstrauen erwecken. Entweder ist er von der Polizei. Oder ein Tourist. Jedenfalls kein Kunde, der Geld bringt, weshalb er hier nichts verloren hat. Irgendwie haben sie ja Recht.

Tschenstochau

Unter den Augen der Schwarzen Madonna

Zielgerichtet führt die überbreite Allee der Allerheiligsten Jungfrau Maria auf das Kloster Jasna Góra zu. Wahrscheinlich ist es kein Zufall, dass ich sofort an die große Allee in Versailles denken muss, an deren Ende das Schloss steht. Nur der Mündungspunkt hier ist ein anderer. Was den Franzosen ihr Schloss ist, ist den Polen der „Helle Berg" in Tschenstochau. Der Mittelpunkt der Welt. Dort, wo das nationale Herz schlägt, sich alles eint. Im Glauben an die Nation. Oder im Glauben an Gott. Schon in meiner Kindheit hing über meinem Bett das Bild der Schwarzen Madonna von Tschenstochau mit ihren geheimnisvollen Streifen auf der rechten Wange. Ich hatte immer geglaubt, die Fingernägel des Jesuskindes wären schuld an den Striemen gewesen. In Polen dagegen erzählte man mir, dass es vielmehr der Hass von Ketzern gewesen sei, der der Mutter Gottes die Narben zugefügt habe.

Die Allee erfüllt ihren Zweck. Das Kloster Jasna Góra längst in der Ferne vor Augen, spaziere ich dennoch fast eine halbe Stunde dorthin. Und die Gedanken kreisen dabei unweigerlich um Gott. Um die Religion. Um den Glauben. Den eigenen und den der Polen, der doch so anders ist. Würde Jesus heutzutage noch einmal über einen See wandeln, glaubten die Polen an ein Wunder. Die Deutschen dagegen rückten mit technischem Gerät an, untersuchten den Vorfall, und selbst wenn sich nichts beweisen ließe, hegten sie Zweifel an der Wiederauferstehung.

Im Sommer strömen von überall her die Pilger, um sich schließlich in der Allee vor dem Kloster in einem gewaltigen Strom zu vereinen. Viele Persönlichkeiten, an deren Wirken und Schaffen die Polen glauben und mit deren Geschichte sie sich untrennbar verbunden fühlen, sind entlang der Straße in steinerne Denkmäler gehauen. Der Priester Jerzy Popiełuszko, Kardinal Wyszyński, Papst Johannes Paul II., der Schriftsteller Henryk Sienkiewicz und außerdem ein Grabmal des unbekannten Soldaten.

Auf dem letzten Wegstück, das den eigentlichen Klosterberg hinaufführt, spricht mich eine Zigeunerin an und will mir für ein paar Złoty meine Zukunft aus der Hand lesen. Ein ungünstiger Ort, wie ich finde, doch ich gebe ihr trotzdem etwas Geld dafür, dass sie mir alles verschweigt.

Die Allee endet vor einer Mariensäule, an deren Fuße eine alte Frau kniet. Bei Minusgraden im Schneematsch, auf harten Marmorplatten, eine Einkaufstüte daneben. Ich bewundere die Polen für ihren Glauben. Und für ihre Bereitschaft, dafür zu leiden. Gleich neben der Mariensäule beginnt der Kreuzweg, dessen eindrucksvoll gestalteten Stationen mich zum Eingangstor in die Klosteranlage führen. Links und rechts des Tores erstrecken sich gewaltige Mauern, die sich um den ganzen Berg ziehen und mir bewusst machen, wo ich mich eigentlich befinde: auf einer Festung.

Hier auf diesem Berg hielten im Jahr 1655 250 Mönche und Soldaten fast 40 Tage lang den Angriffen eines über 3000 Mann starken schwedischen Heeres stand, und nur der Anwesenheit des Bildes der Heiligen Muttergottes wird es zugeschrieben, dass die Festung erfolgreich verteidigt werden konnte. Noch heute stehen auf den mehrere Meter breiten Festungsmauern zahlreiche Kanonen, die an dieses Ereignis erinnern. Besonders die Kinder ziehen die Kanonen in ihren Bann, mehr als die sich hoch über ihnen erhebende, überdimensionale Skulptur von Papst Johannes Paul II., der seine rechte Hand zum Segen ausstreckt. Ich kann mich des Eindrucks nicht erwehren, dass diese Geste angesichts der nahe stehenden Kanonen auch als Zeichen zum Feuern gedeutet werden könnte, doch die singende Gruppe polnischer Pilger unter dem Denkmal lässt mich den Gedanken verwerfen.

Noch heute lebt Tschenstochau von diesem Wunder von damals. Und es ist selbst mitten im Winter schwierig, durch die Massen der Gläubigen bis ins Innerste der heiligen Kapelle vorzudringen, wo sich über dem Altar das Bild erhebt. Man mag an Gott glauben oder nicht, aber hier, an diesem Ort unter dem Bild der Schwarzen Madonna von Tschenstochau, gebietet sich die Einkehr von selbst. Ein seltsamer Geist herrscht hier zwischen all den Tausenden von Votivtafeln, Abzeichen und Marienbildchen, die an den Wänden hängen zum Zeichen der Dankbarkeit für die Erhörung der Gebete. Dieser Geist entbindet den Besucher von der Frage, ob Gebete oder die Medizin, der Glaube oder die Einbildung letztlich die Ursache für das Geschehen von Wundern sind. Diese Frage stellt sich nicht. Nicht hier. Denn die Gebete und Gesänge der Pilger, die den ganzen Tag und das ganze Jahr über den Innenraum der Kapelle erfüllen, ersticken jeden Zweifel. An einem anderen Ort hätte ich geschmunzelt über die zahlreichen Krückstöcke, die zwischen all den Bildern an den Wänden aufgehängt sind, doch hier fällt mir plötzlich die Bibelstelle ein, als Jesus bei einem Lahmen ein Wunder wirkte. Vorne am Altar drängen sich die Menschen zum Bild, reihen sich ein in einer Schlange, um auf Knien rutschend einmal um das Bild pilgern zu können. Auf steinhartem und kaltem Marmorboden. Junge und alte Menschen, kranke und gesunde. Die Gesichter lassen keinen Zweifel. Sie vertrauen diesem Bild, dem strengen Blick Marias mit den Striemen, der irgendwie gar nicht zu dem warmen Bernsteingewand passt, das sie heute trägt. Je nach Jahreszeit wird die Muttergottes in unterschiedliche Gewänder gehüllt, einer Königin gleich, allerdings im weltlichen Verständnis dieses Amtes.

Obwohl der Priester am Altar die Gesänge auf Polnisch anstimmt, mischen sich unter den Gläubigen in der Kirche die Sprachen. Polnisch, Deutsch, Englisch, nur die Melodie bleibt die gleiche. Alles fügt sich zusammen zu ein und demselben Lobgesang, verschiedene Mittel heiligen dem gleichen Zweck. Kurz vor der Kommunion genügt ein Wink des Priesters und in Sekundenschnelle spaltet sich die dicht gedrängte Menge in der Kirche, gibt einen Weg frei für die ausschwärmenden, die Kommunion verteilenden Helfer. So muss es vor sich gegangen sein, damals, am Roten Meer ...

Am Ausgang der Kapelle stoße ich auf Menschen, die Zettel beschreiben und in einen Kasten werfen. *Danksagungen und Bitten an die Muttergottes von Tschenstochau* steht auf ihm geschrieben. *Novene jeden Samstag um 18 Uhr*. Ich frage mich, was mit den Zetteln passiert, wo sie hingebracht werden, ob es sich lohnte, dem nachzugehen. Mich bei diesem typisch deutschen Gedanken ertappend, verlasse ich die Kirche und steige auf den Turm des Klosters nebenan. Mit 106 Metern ist er der höchste Kirchturm in Polen. Eindrucksvoll winden sich die Treppen im Innern des Turms die Wände hoch. Der Aufstieg über 519 Stufen erfordert mehr Zeit und Kraft, als ich vermutet habe, doch der Ausblick von oben ist die Mühe wert. Jetzt erst wird der Festungscharakter der gesamten Anlage deutlich, die

Dicke der Mauer, die Pfeilspitzenform der Mauereckpunkte mit den Kanonen, welche die Kirchenanlage in der Mitte schützen sollten. Diese architektonische Einheit von Religion und Bastion öffnet Interpretationsräume für Gedankenspiele. Lässt sich der Glaube mit Kanonen verteidigen? Die Heilige Muttergottes von Tschenstochau jedenfalls soll dabei geholfen haben. Vielleicht, um auf diese Weise den wahren Glauben des Volkes zu festigen. Wie dem auch sei. Es ist ihr gelungen.

45
KAWIARNIA
JAMA MICHALIKA
KAWIARNIA
JAMA
MICHALIKA

Kunst und Kaffee. Das Kaffeehaus Jama Michalika

Krakau hat viele solcher Orte, an denen der Strom der Zeit, der immer weiter in die Zukunft fließt, ruhige Buchten zu bilden scheint, aber die Jama Michalika erweckt besonders viele Gefühle. Jede Sache, die von Dauer ist, hat ihr Heute und Gestern.

Jan Paweł Gawlik

An dieser Tür, über der sich eine Laterne mit der Hausnummer 45 befindet, führt kein Weg vorbei. Nur ein eiliger Geschäftsmann oder ein völlig unbelesener Tourist läuft in Krakau die Floriańska-Straße hinunter zum Marktplatz, ohne einen Blick in das Kaffeehaus Jama Michalika („Michaliks Höhle“) geworfen zu haben. Es gehört zu Krakau wie das Café Florian zu Venedig oder das Café Central zu Wien. Wie so viele andere dieser Häuser erwarb es seinen Ruhm weniger durch die Backkunst, sondern kokettierte im wahrsten Sinne des Wortes mit seinen inneren Werten.

Am Eingang gebe ich meine Garderobe ab und mit ihr alles, was mich an den heutigen Tag bindet. Wer dieses Kaffeehaus betritt, findet sich in der Zeit der Jahrhundertwende wieder, als Krakau zwischen 1895 und 1918 zum geistigen und künstlerischen Zentrum eines noch immer geteilten Polen wurde. Krakau war damals noch eine kleine Stadt im österreichischen Galizien, über das der Maler und Schriftsteller Stanisław Witkiewicz einmal schrieb: „In Galizien herrscht völlige Freiheit. Man darf ‚Noch ist Polen nicht verloren' singen und spielen, frei über eine Wiederherstellung des polnischen Staates sprechen und in Überröcken mit dem Säbel an der Seite spazieren gehen."

Hier, in dieser ehemaligen Lemberger Konditorei, die Jan Apolinary Michalik im Jahr 1895 gegründet hatte, trafen sich seinerzeit die bedeutendsten Maler und Literaten, bildende Künstler und Redakteure sowie Studenten der nahe gelegenen Kunstakademie, um zu trinken, zu diskutieren und über Kunst und Politik zu philosophieren. Jeder hatte damals seinen Lieblingstisch, der ihn am meisten inspirierte, jeder seine Ecke, in die er sich mit seinen Freunden verkroch, um Karten zu spielen, Alkohol zu konsumieren oder einfach nur Rauchkringel in den Saal zu blasen. Eine „Schmiede des Intellekts" hatte der Schriftsteller Tadeusz Boy-Żeleński diesen Treffpunkt der damaligen Boheme bezeichnet. Und als Autor des 1905 gegründeten Kabaretts „Grüner Luftballon" hat er selbst einen großen Teil dazu beigetragen, dass dieser Ort weniger durch den Kuchen des Herrn Michalik als durch seine kulturelle Anziehungskraft zum Mythos wurde. Inwieweit der Konditor selbst von dieser künstlerischen Mission seines Kaffeehauses überzeugt war, darüber gingen die Meinungen auseinander. Die einen beschrieben ihn als wohlwollenden Mäzen und Liebhaber der Kunst, die anderen als akkurat, humorlos, pedantisch und vorsichtig. Boy-Żeleński selbst war wohl weniger von dessen Engagement angetan und urteilte: „Dieser Patron der Krakauer Szene hat ihr über Jahrhunderte seinen Namen überlassen, aber nie seinen Geist". Mir ist es letztlich egal, was Herr Michalik damals tatsächlich zum Aufblühen dieses Ortes beigetragen hat, denn schließlich hat die Kunst das Handwerk damals überzeugt und damit Recht behalten. Ohne die Kunst um ihn herum wäre heute der

Kuchen, so glaube ich, nur die Hälfte wert – und auch nur halb so teuer.

Mit dem Roten Saal betrete ich das Herz des Kaffeehauses. Das Licht im Saal ist dunkel und überall an den Tischen verteilt sitzen die Besucher, als wären sie selbst die Künstler inmitten ihrer unzähligen Werke, die überall an den Wänden aufgehängt sind. Ölbilder, Karikaturen, Spiegel, kunstvoll gestaltete Wanduhren und Leuchter. Schnell hatte sich Jan Michalik damals überreden lassen, sein Kaffeehaus von den Künstlern ausgestalten zu lassen. Und alsbald schon glich der Salon einem zeitgenössischen Museum, in dem sich die wundersamsten Werke an den Wänden wiederfanden. „Alles entstand impulsiv“, schrieb der Künstler Zenon Pruszyński später, „mit einem Temperament, wie es der damaligen Künstlergeneration zu eigen war, und spiegelte politische Momente ebenso wider wie die Silhouetten damals bekannter Persönlichkeiten aus dem kulturellen Leben Krakaus und Polens“.

Viele der Kunstwerke sind bis heute erhalten geblieben, andere wurden erst verkauft, später wieder rekonstruiert. Ich bräuchte mehrere Stunden, um mir jedes einzelne der über 150 Stücke anzusehen, abgesehen davon, dass ich die Leute von ihren Tischen aufscheuchen müsste, um mich den vielen kleinen Kunstwerken über ihren Köpfen genauer widmen zu können. Aus Höflichkeit belasse ich es bei der oberflächlichen Inspektion aus der Ferne, widme mich nur den größeren Stücken, den Bildern und Karikaturen Kazimierz Sichulskis, einem von Karol Frycz entworfenen Spiegel und der Maske eines Fauns von Jan Szczepkowski. In einer Vitrine entdecke ich mehrere Marionetten, angefertigt aus Holz, Glas, Stoff und Pappe, die aus der Zeit des einst hier ansässigen Kabaretts stammen. Sie stellen Karikaturen von Persönlichkeiten aus Kultur und Politik der damaligen Zeit dar, unter anderem den Präsidenten der II. Republik, Stanisław Wojciechowski, sowie auch den Eigentümer der Konditorei, Jan Michalik, in dunklem Anzug und karierter Hose. Und in der schummrigen Atmosphäre des Kaffeehauses fällt es mir leicht, sie heraustreten zu lassen aus den Vitrinen, ihnen Leben einzuhauchen und sie in Gedanken über die Tische wandeln zu lassen, um ihre frechen Sprüche und Dialoge loszuwerden inmitten der Rauchschwaden und des Kaffeehauslärms, der bis heute der gleiche geblieben ist.

Über den Roten Saal gelange ich in den Frycz-Saal, benannt nach dem Maler Karol Frycz, der den Saal einst entworfen hat. Hier stoße ich auf ein Bild mit dem Titel „Kabarett Grüner Ballon“, das eine Szene mit dem Ensemble des berühmten Kabaretts als Karikatur darstellt, wie es aus dem Kaffeehaus heraustritt, sich in einem großen Festzug tänzelnd über die Stadt erhebt und mit Kirschschnaps mit dem Vollmond anstößt. Als die lustige Gruppe tatsächlich eines Tages aus dem Kaffeehaus auf die Floriańska-Straße hinausgetreten war, soll einmal einem kleinen Jungen ein grüner Luftballon entkommen und in den Himmel aufgestiegen sein. Als daraufhin alle Passanten „Ein grüner Ballon!, ein grüner Ballon!“ riefen, war, so will es die Legende, der Name des Kabaretts geboren. Ich weiß nicht, was an dieser Szene so spektakulär gewesen sein mag. Vielleicht war der Luftballon grüner als andere oder die Beteiligten einfach nur blauer. Wie dem auch sei, mit dem Kabarett hatte die Jama Michalika eine weitere Attraktion erhalten, die dem Kaffeehaus viele Besucher brachte. In der Einladung zur Eröffnung hieß es damals: „Improvisatoren sollten bitte vor oder während des Abends dem Leiter ihren Wunsch offenbaren, dass sie ein schöpferischer und humoristischer

Wahn ergriffen habe und dass sie dem Volk ihre nackte Seele zeigen möchten, und sofort wird man ihrer unbescheidenen Begierde nachkommen". Den politischen Umbruch von 1989 haben die Kabarettvorstellungen im Jama Michalika nicht überlebt. Vielleicht hat das Feindbild gefehlt, oder die Touristen haben sich mit dem Kuchen und ihren eigenen Witzen zufrieden gegeben. Schade.

Nach einiger Zeit habe ich mich wohl doch hingesetzt zu einem der Kunstwerke, einen Kaffee bestellt, und mich dem Sinnieren hingegeben. Es gibt wohl kaum einen Ort in Polen, der für diese Beschäftigung eine bessere Kulisse abgäbe. Und nur wer eine Uhr trägt, vermag sich aus dem Klammergriff dieses Vermächtnisses der einstigen Krakauer Boheme loszureißen. Ich trage eine Uhr, und so ist es irgendwann an der Zeit, aufzubrechen und über den Garderobenflur hinaus ins Freie zu treten. Wie schrieb doch der Schriftsteller Altenberg einmal über den Charakter der Kaffeehäuser? „Man ist nicht zu Hause und doch nicht an der frischen Luft." Wie wahr.

GRUNWAL

Echo einer Schlacht. Das Grunwald-Denkmal auf dem Matejko-Platz

Mitten auf dem Matejko-Platz in Krakau stirbt ein deutscher Ordensritter. Niedergestreckt vom litauischen Großfürsten Vytautas, der, auf sein Schwert gestützt, den Triumph des Sieges genießt. Um ihn herum braust der Krakauer Stadtverkehr, nehmen Busse Passagiere auf, Fußgänger kreuzen die Straße, und die Glocken der Florianskirche läuten zum Gottesdienst. Das gewaltige Denkmal inmitten der kleinen Insel auf dem Platz ist unübersehbar. Als hätte es sich vor langer Zeit mit Gewalt aus dem Teerboden gebrochen, um hier, im Norden der Krakauer Altstadt, einen Platz für die Ewigkeit einzunehmen.

Ich habe dieses Denkmal hier nicht erwartet. Weder das Denkmal, noch seine Geschichte, an die es erinnert. Als im Juli des Jahres 1410 mehr als 20000 Ordensritter gegen ein noch größeres Heer aus polnischen und litauischen Soldaten antraten und die Schlacht verloren, war der Ort des Geschehens ein riesiges Feld in der Nähe von Allenstein im Norden Polens. Zwar war der polnische König Władysław Jagiełło von Krakau aus in die Schlacht gezogen und nach seinem Sieg hierher zurückgekehrt. Doch ein solches Denkmal hätte ich eher auf dem eigentlichen Schlachtfeld vermutet, hoch auf einem Hügel irgendwo über dem Feld, den Sieg in der Schlacht in die Weite des Landes schreiend. So hätte ich es mir vorgestellt. Aber hier? Hier, im Krakauer Stadtverkehr, bedarf es schon eines aufmerksamen Betrachters, der beim Spaziergang die Gegenwart auszublenden vermag, wenn er das Denkmal umkreist, den polnischen und litauischen Kriegern in die Augen schaut, während der niedergestreckte Großmeister des Deutschen Ordens, Ulrich von Jungingen, unter den Augen des polnischen Königs und seines litauischen Vetters stirbt. Das berühmte Gemälde von Jan Matejko ruft sich mir ins Gedächtnis, und die Schlachtszenen des Romans „Die Kreuzritter" von Henryk Sienkiewicz ziehen an mir vorüber. Zweifellos war der junge Bildhauer Antoni Wiwulski damals von diesem Roman inspiriert worden, als er Anfang des 20. Jahrhunderts das Denkmal schuf. Szene für Szene ließen sich die dargestellten Episoden in das Geschehen des Romans einfügen. Während die Figurengruppen zu beiden Seiten des Denkmals das Schlachtgetümmel widerspiegeln, thront der polnische König Władysław Jagiełło hoch zu Ross auf einem Sockel. Geradezu unbeteiligt schwebt sein Blick über dem Gemetzel. Hat sein Geist das steinerne Denkmal längst verlassen? Ist er längst losgezogen in die Krakauer Altstadt, hinüber zu den Menschen in den Cafés auf dem Marktplatz, oder zum Wawel, um am Sarkophag seiner einstigen Gemahlin Jadwiga zu trauern? Vor mir bläst ein litauischer Krieger in sein Horn, während ein gefangener deutscher Ordensritter in die Knie geht. Niedergeschlagen, im Sinne des Wortes, senkt sich sein Blick zur Brust. Hinter mir hupt ein Taxi, weil ein Fußgänger nicht schnell genug das Feld geräumt hat. Die Schlacht geht weiter. Ein polnischer Ritter schwenkt seinen Kommandostab, während sein Knappe die erbeuteten Standarten trägt. Die einst bronzenen Gestalten haben die Abgase geschwärzt. Das Blut hat die Farbe gewechselt, und für einen Moment erscheint mir diese Farbe der Gegenwart angemessen. Auf der Rückseite des Denkmals sprengt ein polnischer Bauer die Ketten zum Zeichen der Befreiung aus der Knechtschaft des Deutschen Ordens.

Als das Denkmal im Jahr 1910 anlässlich der 500-Jahrfeier von dem Komponisten Ignacy Paderewski gestiftet wurde, lag das eigentliche Schlachtfeld im preußischen Teilungsgebiet, deshalb wurde der Festakt in Krakau abgehalten. 150000 Menschen feierten den Mythos in Volksfeststimmung, versammelten sich drei Tage lang zur größten nationalen Kundgebung im geteilten Polen. Politiker und Prominenz aller damaligen Parteien würdigten die Bedeutung der Schlacht für die nationale Sache. Und nach all den misslungen Aufständen und dem damit verbundenen Gedenken an tragisches Heldentum bildete der Jahrestag der Schlacht einen willkommenen Anlass, Siegesstimmung im geteilten Land zu verbreiten. Unter den Klängen der „Rota", einer antipreußischen Hymne, feierte man den Untergang des Ordens und zelebrierte unterschwellig den Widerstand gegen die preußische Polenpolitik der damaligen Zeit. Chöre aus verschiedenen Landesteilen stimmten die polnische Hymne „Noch ist Polen nicht verloren" an. In Preußen verstand man das Signal. Gleichzeitig mit den Feierlichkeiten der Polen in Krakau versammelten sich namhafte preußische Politiker und Intellektuelle auf der Marienburg, um über den wachsenden polnischen Widerstand im Teilungsgebiet zu diskutieren. Die Schlacht ging also weiter, ihr Echo war noch längst nicht verklungen. Später wurde das Denkmal selbst zum Opfer einer Schlacht, als die deutschen Soldaten 1939 nach Polen einmarschierten und auch dieses ihnen verhasste Denkmal zerstörten. Erst 1976 wurde die Rekonstruktion in feierlichem Rahmen neu eingeweiht.

Je länger ich um das Denkmal spaziere, umso deutlicher führt es mir vor Augen, wie sich die Beziehungen zwischen zwei Ländern im Laufe der Geschichte verändern können. *Den Vorvätern zum Ruhm – den Brüdern zur Ermutigung* steht an den Seiten des Denkmals geschrieben. Heute wirkt die Inschrift archaisch, vielleicht sogar unverständlich. Die Gegner von einst haben sich längst zusammengerauft, wälzen ihre Probleme an Verhandlungstischen, benötigen keine Schlachtfelder mehr. Vielleicht, weil Denkmäler wie dieses ihnen den Spiegel der Vergangenheit jederzeit vorhalten, und sei es mitten im Stadtverkehr. Doch die meisten hier nehmen es kaum wahr, haben längst andere Sorgen. Das Denkmal nimmt's gelassen. Und auch der Mythos vermag schon über sich selbst zu lachen. Vor einigen Jahren las ich einen Bericht in einer polnischen Zeitung über das alljährlich stattfindende Spektakel, in dem deutsche und polnische Ritter die Schlacht am Tannenberg auf dem ehemaligen Feld bei Allenstein nachspielen. Die deutschen Ritter seien es leid, immer nur zu verlieren, hieß es da, und man überlege, sie im nächsten Jahr siegen zu lassen. Eine nette Geste, wie ich finde. Während ich darüber nachdenke, scheint es mir fast, als sähe ich wenigstens auf den Lippen des Pferdes auf dem Denkmal ein Grinsen …

Adam Mickiewicz und Juliusz Słowacki. Könige unter Königen

Fragte mich jemand nach dem Herzen Polens, ich würde zögern. Wäre hin- und hergerissen zwischen Tschenstochau und dem Wawelhügel. Wahrscheinlich würde ich mich auf die zwei Kammern eines jeden Herzens berufen und damit beiden Orten gerecht werden. Der nationale Herzschlag jedenfalls ist hier wie dort zu spüren.

Ähnlich wie die Festung in Tschenstochau erhebt sich auch der Wawelhügel in Krakau majestätisch über der Stadt. Lässt keinen Zweifel an seiner Bedeutung für das Land. Doch sind es weniger die Gebäudekomplexe der Anlage, die mich in ihren Bann ziehen, als vielmehr das Gewölbe unter der Kathedrale, in welchem sich die Sarkophage all jener polnischen Persönlichkeiten befinden, die sich durch ihr Wirken und Schaffen um ihre Heimat verdient gemacht haben. Könige, Staatsmänner und Freiheitskämpfer liegen hier vereint im Dienst und Ruhm um ihr Vaterland: Tadeusz Kościuszko, Józef Poniatowski und Józef Piłsudski, ganz zu schweigen von den zahlreichen Sarkophagen der einstigen Könige Polens.

Die lateinische Aufschrift auf dem Baldachin über dem Eingang zu den Gräbern offenbart dem Besucher, warum der Wawel als „Pantheon der Nation“ und die Kathedrale als „Mutter aller Kirchen“ verehrt wird: *CORPORA DORMIUNT VIGILANT ANIMAE. Wenn die Körper ruhen, wachen die Seelen* steht darauf geschrieben. Wer hier ruht, dessen Seele ist bis heute im Bewusstsein der Polen allgegenwärtig.

In der Mitte des Kirchenschiffs führt mich eine kleine Treppe in eine weitere, separate Krypta hinunter. Es ist die Krypta mit den Sarkophagen von Adam Mickiewicz und Juliusz Słowacki, den beiden Nationaldichtern Polens. Obwohl diese kleine, nur aus einem Gewölbe bestehende Krypta keineswegs mit der Aura der mehrfach verzweigten Königskrypta mithalten kann, fühle ich mich hier dem polnischen Herzen am nächsten. Es waren der toten Seelen zu viele in der großen Krypta, meine Ehrfurcht erschöpfte sich dort in der Kenntnisnahme der großen Namen, im Abnicken der einzelnen Grabstätten. Hier dagegen möchte ich verweilen, die Türe hinter mir schließen und die Welt um mich herum vergessen. Ein wenig tut es mir leid, keines der Werke dieser Schriftsteller hierher mitgenommen zu haben, keines ihrer Gedichte hier lesen zu können. Die Worte ließen die toten Körper für einen Moment auferstehen, sich erheben aus den Sarkophagen, eins werden mit dem Klang im Raum. Die meisten Polen haben dieses Problem nicht. Ihnen sind die Verse ihrer beiden Nationaldichter weit mehr geläufig als den Deutschen etwa die Gedichte von Goethe oder Schiller. In einer Nische liegt ein Gästebuch bereit, in dem sich Besucher eintragen können. Und fast auf jeder Seite stoße ich hier auf Zitate aus den Werken der Dichter, die sich in den Köpfen der Besucher festgesetzt haben. Ganze Schulklassen haben sich hier eingetragen. Ich staune, welchen Umfang die niedergeschriebenen Zitate zum Teil haben und überlege, welche Zeilen mir von Goethe oder Schiller einfielen, um sie in einem ähnlichen Gästebuch niederzuschreiben.

Wie die Gebeine Goethes und Schillers in Weimar liegen auch Mickiewicz und Słowacki hier Seite an Seite in einer Krypta, und ähnlich wie Goethe und Schiller wären beide zu Lebzeiten wohl wenig davon begeistert gewesen, sich nach dem Tode so nahe sein zu müssen. Konkurrenz und Neid hielten sie auf Distanz, wobei freilich Mickiewicz, ähnlich wie Goethe, in der Gunst der polnischen Literaturgeschichtsschreibung immer ein Stück die Nase weiter vorn hatte.

Ich frage mich, worüber sie reden mögen, hier unten in der Tiefe des Wawelberges, mehr als 150 Jahre nach ihrem Tod. Ob es sie wohl mit Stolz erfüllte, dass die Polen den Erhalt ihrer nationalen Identität vor allem ihnen zuschrieben, ihnen, die die Fahne der Kunst noch hochhielten, als die politische Macht längst verloren und der Staat fast 125 Jahre lang aufgeteilt und ohne Führung war? Oder ob sie immer noch darüber stritten, wer der größere von beiden sei? Letzteres hätten sie nicht nötig, denn im Gegensatz zu Goethe und Schiller geht die Verehrung ihres Werkes weit über dessen literarische Bedeutung hinaus. Wie überhaupt die Literatur in Polen über die Jahrhunderte eine größere Wertschätzung im Volke erfahren hat, als es in vielen anderen Ländern der Fall war. Sie wurde als Politik mit anderen Mitteln verstanden, als Politik der Massen, im Gegensatz zur Politik einer Staatsführung, die den Polen so häufig abhanden kam. Bei Ludwig Uhland finde ich ein Gedicht über Mickiewicz, das er nach der Niederschlagung der polnischen Aufstände 1831 geschrieben hat, und das mit den Zeilen endet: „Mitten in der stillen Feier / Wird ein Saitengriff getan; / Ha! wie schwillet diese Leier / Voller stets und mächt'ger an! / Leben schaffen solche Geister, / Dann wird Totes neu geboren; / Ja! mir bürgt des Liedes Meister: / ›Noch ist Polen nicht verloren!‹". Die Polen vertrauten den Stimmen ihrer Dichter mehr als den Fahnen ihrer Feldherren, zumal Letztere leichter zu beseitigen waren. Und doch fiel es mir immer schwer, gerade aus den Hauptwerken Mickiewiczs oder Słowackis literarischen Genuss zu ziehen. Zu häufig waren mir die Anspielungen unverständlich, die historischen Hintergründe zu wenig geläufig. Ein deutscher Literaturwissenschaftler schrieb einmal über die polnische Literatur: „Ihre Stärke – das Verbundensein mit dem nationalen Schicksal – ist zugleich auch ihre Schwäche". So konnte ich nur erahnen, worin die Verehrung der Polen für ihr Nationalepos „Herr Thaddäus" begründet lag, als ich den Text ohne entsprechende Vorkenntnisse zum ersten Mal vor vielen Jahren las.

Diese Kammer des polnischen Herzens bleibt dem Ausländer größtenteils verschlossen. Das Erfühlen des Herzens setzt Kenntnisse des Gehirns voraus, auch wenn sich die Zeiten in Polen geändert und die Themen der polnischen Literatur längst aus dem Würgegriff der Geschichte emanzipiert haben.

Ein Ehepaar betritt die Krypta und verweilt kurz vor dem marmornen Sarkophag von Mickiewicz. Dann legt die Frau eine rote Rose nieder und ich spüre, dass ihre Verehrung diesem Dichter gegenüber keineswegs politischer Korrektheit entspringt, sondern ehrlichem Dank. Die Lebenden und die Toten verbinden hier Emotionen, die Außenstehende allzu schnell dazu verführen, sie als ritualisiert oder aufgesetzt wahrzunehmen.

Beim Hinausgehen fällt mir die Gedenktafel für Cyprian Kamil Norwid ins Auge, die ein wenig verloren an der Wand angebracht ist. Als hätte man ihn nachträglich in den Kreis der nationalen Dichtergrößen aufgenommen, allerdings ohne rechte Überzeugung, mehr der Pflicht als der Bewunderung gehorchend. Mag sein, dass sein Werk selbst für polnische Verhältnisse zu undurchsichtig ist, zu verschlossen, als dass man sich zu einem eindeutigen Bekenntnis zu ihm hätte durchringen wollen. Vielleicht befürchtete man auch Herzrhythmusstörungen im nationalen Literaturgefüge, und dabei fällt mir Hölderlin ein. Doch ich verweigere mich weiteren sich aufdrängenden Gedanken und verlasse die Krypta, während das Ehepaar sein Gebet beendet und sich dem Gästebuch widmet.

JEDNOSC

Krakau – Kazimierz

Nostalgie meets Ironie. Das „Propaganda“ in Kazimierz

Eigentlich bin ich schon vorbeigegangen. Vorbei an einer großen, roten Stoffbanderole mit der Aufschrift: *Wir begrüßen die Delegierten der 21. Parteiversammlung der PZPR.* Darunter hängt ein Bild von Leonid Breschnew an der Seite des kommunistischen Kultsängers Jerzy Połomski. Scherzbolde, habe ich gedacht. Unverbesserliche. Ausgerechnet hier in Kazimierz, dem alten Judenviertel Krakaus, direkt gegenüber der Synagoge in der Miodowastraße. Doch dann gehe ich die wenigen Schritte wieder zurück. Die unter der Banderole angebrachte Leuchtschrift *Propaganda* hat mich neugierig gemacht. Was mag sich hinter dieser Tür verbergen? Auf alles gefasst, trete ich ein. In die Kneipe „Propaganda“ in Kazimierz.

Als sich die Tür hinter mir schließt, bleibt alles draußen, was mich bis hierher begleitet hat. Das Wetter, die Uhrzeit, der Verkehr, meine Termine und Pläne. Alles bleibt draußen, denn hier, in dieser dunklen, von Neonleuchten nur schemenhaft beleuchteten Kneipe, herrschen die alten Zeiten. Uneingeschränkt und ohne Berührungspunkte mit der Gegenwart. Stalin, Breschnew, Mao Tse-tung sind allgegenwärtig in Bildern, Fotos und Karikaturen an den Wänden. Aber auch uralte Schreibmaschinen, Plattenspieler, Toaster, Stahlhelme oder Kinderwägen haben sich hier versammelt, sich dem Verfall widersetzt und eine neue Heimat gefunden, die sie über die Zeit gerettet hat.

Die Kellnerin hinter dem Tresen hat wohl gemerkt, dass ich eher zufällig als absichtlich hier eingetreten bin. Und ihrem Lächeln entnehme ich, dass ich nicht der erste Gast bin, der mit offenem Mund an der Eingangstüre stehen bleibt. Sollte ich lachen? Oder weinen? Oder so tun, als ginge es mir nur um eine Tasse Kaffee, egal wo? Doch jede Maskerade ist sinnlos, denn die Kellnerin weiß längst, was in mir vorgeht. „Nehmen Sie Platz!“, sagt sie. „Wo kommen Sie her?“ Als ich ihr antworte, dass ich Deutscher bin, sagt sie, dass sie sich das fast gedacht habe. Warum? Weil vor allem die Deutschen so erstaunt schauen, wenn sie hier eintreten.

Die Atmosphäre der Kneipe gefällt mir, die abgesessene Couch, die Sessel, die nicht zu ihr passen, der abgetretene Holzfußboden und der Dartautomat, der ständig Geräusche von sich gibt. „Ist der auch aus alten Zeiten?“, frage ich, und die Kellnerin winkt ab. „Nein. Der ist für die Gäste.“ Dann bringt sie meinen Kaffee und erzählt mir, dass diese Kneipe im Jahr 1998 als eine der ersten in Kazimierz eröffnet worden sei. Die Gäste brachten alles her, was sie noch aus kommunistischen Zeiten besaßen, und richteten so das Lokal selber ein. Die Frage, warum so eine Kneipe überhaupt entstanden sei, beantwortet sie mir, ohne dass ich sie gestellt habe. Aus Nostalgie und Sehnsucht nach alten Zeiten. Aus Spaß an der Ironie, sich mit ihnen auseinanderzusetzen. Aus Freude an der Möglichkeit, jetzt ein System karikieren zu dürfen, das Angst verbreitete und Misstrauen säte in einer Zeit, als die kommunistische Partei über alles entschied und jeder Fünfjahresplan erfolgreich erfüllt wurde. *Das Programm der Partei ist auch unser Programm* stand draußen über der Eingangstür der Kneipe. Hier und heute ist dieses Programm unterhaltsam.

„Je nachdem, wie alt der Gast ist und woher er kommt, fühlt er hier etwas anderes", erzählt mir die Kellnerin. Die Jungen studieren ein Täfelchen nach dem anderen, betrachten den Ort als kleines Museum. Die Alten reden kaum über die Exponate, sie kennen schließlich alles. Ab und zu deutet der eine irgendwohin, der andere lacht, sie verstehen sich ohne Erklärungen. Wieder andere genießen einfach nur die Atmosphäre, lauschen der Musik und spielen Karten oder Dart, ohne sich Gedanken zu machen über die Sprüche und Schilder an der Wand. Die Kneipe gleicht einem Spiegel seiner Besucher. Ohne dass sie es merken, offenbaren sie hier ihre Seele.

Ich kann den Kaffee kaum genießen. Immer wieder stehe ich auf, nähere mich dem einen oder anderen Schild, um die Inschriften zu lesen. Eine Karikatur zeigt General Jaruzelski mit seiner typischen dunklen Brille auf einem Panzer. Darüber steht in blutroten Buchstaben: *General Motors*. Daneben ermahnt mich ein sozialistischer Held der Arbeit mit erhobenem Zeigefinger: *Was hast du zur Realisierung des Plans beigetragen?* Überall hängen Schilder aus ehemaligen Fabriken oder alten Restaurants: *Kultiviertes Benehmen bei Tisch ist Pflicht; Schlampige Kleidung ist Ursache vieler Unfälle; An der Schleifmaschine sind Schutzbrillen zu tragen; Die Einigkeit der Arbeiter ist das Fundament der Stärke und Freiheit Polens.* Direkt über meinem Tisch hängt ein rot-weißes Signal mit der Aufschrift *Vorsicht Auto!* Über den Singular muss ich schmunzeln.

Andere Schilder sind in russischer Sprache verfasst und ich überlege, wie sie auf die älteren Polen heute wirken mögen. Können sie darüber lachen? Überfällt sie der Schmerz vergangener Zeiten? Oder vielleicht sogar Hass? Oder empfinden sie Mitleid mit den Menschen im heutigen Russland, denen es meist schlechter geht als ihnen in

Polen? Die Mehrzahl der jungen Besucher spricht kein Russisch mehr, kann die Aufschriften nicht mehr lesen, die da lauten: *Es lebe unsere siegreiche Arbeiterklasse!* Oder: *Es lebe unsere siegreiche sowjetische Armee.* Ich frage die Kellnerin, ob sie die Aufschriften lesen kann. Doch sie schüttelt den Kopf. Es ist ihr auch egal, was da hängt. In dieser Kneipe geht es nicht um Politik und Geschichte. Sie ist auch kein Museum, das irgendeinen Anspruch auf Ernsthaftigkeit erhebt. Gedanken muss sich jeder selbst machen, Fragen selbst beantworten. Oder nicht stellen. Ein älterer Herr, der an einem Tisch sitzt, als säße er dort schon seit Gründung der Kneipe, mischt sich plötzlich ein. „Alles kalter Kaffee", sagt er auf Polnisch. Dann wiederholt er den Satz. Auf Russisch. Schließlich hängt er seinen Kopf wieder über sein Bier, als wäre er nur zufällig aufgewacht. Aufgewacht vielleicht aus einem Traum von alten Zeiten.

Ich setze mich wieder an meinen Platz in der Absicht, noch ein Getränk zu bestellen. Doch die Suche auf der Getränkekarte gestaltet sich schwierig. Selbst das Angebot spielt noch mit der Vergangenheit, verbirgt seinen Inhalt hinter sozialistischen Masken. Kann ich es tatsächlich wagen, ein „Auge Stalins" zu bestellen? Erwartet man, dass ich dabei ernst bleibe? Oder wird die Kellnerin lachen? Oder ist das hier so normal wie woanders ein Cappuccino? Vielleicht bestelle ich besser einen „Roten Oktober" oder noch besser einen „Sibirischen Nebel". Der ist unverfänglich, jedenfalls besser als ein „Schwarzer Russe" oder ein „Lachen Fidels" … Ein Lachen Fidels. Auf diesen Namen muss man erst mal kommen. Wie man überhaupt erst einmal auf die Idee kommen muss, eine solche Kneipe im alten Judenviertel Krakaus aufzumachen, die sich sympathisch gefährlich an der Grenze zwischen Nostalgie und Ironie bewegt.

Doch während das Programm der kommunistischen Partei einst kostenlos war, hat das „Auge Stalins“ oder der „Schwarze Russe“ heute seinen Preis. Vielleicht liegt gerade darin die Ironie dieses Ortes, dass er nach marktwirtschaftlichen Prinzipien funktioniert. Ich finde mich also an der Theke ein, auf deren Regalen die Reihen zahlloser Flaschen immer wieder mal von einem Bronzekopf Lenins oder einer russischen Matrioschkapuppe unterbrochen werden. *Hast du auch Trinkgeld gegeben?*, mahnt mich der Zeigerfinger eines sozialistischen Vorzeigearbeiters. Eigentlich möchte ich die Kellnerin fragen, ob dieses Plakat tatsächlich aus kommunistischen Zeiten stamme oder nur als Parodie für die Kneipe angefertigt worden sei. Aber ich verkneife mir die Frage. Spielt es denn eine Rolle? Es genügt, dass mich das Plakat amüsiert, und es erfüllt seinen Zweck. Die Kellnerin dankt es mir und schenkt mir zur Erinnerung die Getränkekarte. Das „Auge Stalins“ in Händen, trete ich wieder hinaus ans Licht, und die Karte wird mir als Beweis dienen, nicht geträumt zu haben.

BENJAMIN LAZARUS
PASTERNAK
Liese Morgenstern
1684
WAISENKIND
HANA FUCHS
645.

Auschwitz-Birkenau

Geschichte, die sich verändert ...

Auschwitz – das Wort gleicht einem heißen, bösartig funkelnden Stein inmitten schaler Kiesel. Ich spüre das Aufsteigen von Angst, jedes Mal, wenn sich meine Gedanken ihm annähern, zugreifen wollen, es einpferchen in die Konstruktion eines Satzes, um ihm dort einen festen Platz zuzuweisen. In meinem Geschichtsunterricht war die Hitze dieses Wortes noch erträglich, denn sie war angelernt, künstlich, Wort und Hitze verband allein der Glaube an die Ausführungen des Lehrers. Damals war es noch möglich, dem Wort die Gefährlichkeit abzusprechen und nüchterne, theoretische Überlegungen mit Freunden anzustellen: Hätte man die Luft anhalten können in der Gaskammer? Glaubten die Leute wirklich an Duschen? Wie konnte niemand etwas gewusst haben?

Der Geschichtsunterricht gab mir keine Möglichkeit, Auschwitz mit dem Namen einer real existierenden polnischen Stadt zu verbinden. Auschwitz war von Anfang an ein Monstrum von Lager, ins Leben gerufen an einem geheimen Ort in einem Land, das für mich lange Zeit nur in Schwarz-Weiß-Bildern alter Filmaufnahmen und Fotos existierte. Die Leichenberge und die Bagger, die durch sie hindurchfuhren wie durch Morast, das Lagerpersonal, die nackten Männer und Kinder, alles schwarz-weiß, unvorstellbar in Farbe. Das Wort Auschwitz versammelte in meinem Kopf alle erdenklichen Grausamkeiten des Krieges, trug die Gipfelfahne deutscher Schuldigkeit. Und wäre ich nie nach Auschwitz gefahren, so wäre die Zahl der Toten, die dieses Wort vereint, für immer eine abstrakte geblieben, eine Zahl mit vielen Nullen, die es sich zu merken galt. Für die Prüfung in der Schule.

Als wir auf unserer ersten Familienreise durch Polen von Krakau aus Richtung Auschwitz aufbrachen, kannte ich bereits die Gedenkstätten in Flossenbürg und Dachau, wobei sich mir Flossenbürg eingeprägt hatte als eine grüne Parkanlage, die eher zu einem Spaziergang als zu einer Gedenkfahrt einlud, und in Dachau jeder Satz unserer Führerin mit den Worten begann: „Und hier, müssen Sie sich vorstellen, standen …" Die wenigen Stunden, die ich damals mit meinen Eltern im Museum Auschwitz verbrachte, änderten meine Beziehung zu dem Wort, verbanden es mit der gefährlichen Hitze, ließen es in meinem Wortschatz einen gesonderten Platz einnehmen. Ich habe den Gang durch die Baracken als großes Schweigen in Erinnerung, weiß nicht mehr, ob wir geführt wurden, ob unsere Eltern uns etwas erklärten, wie das Wetter war. Ich erinnere mich noch an das dunkle Tor mit der Aufschrift *Arbeit macht frei*, das Modell der Todeswand, den Galgen auf Rädern, die Todeszelle des polnischen Priesters Maximilian Kolbe. Vor allem aber an jene großen Glasfenster in den Ausstellungsräumen, hinter welchen sich Berge von Brillengestellen und Prothesen, Kochgeschirr und Reisekoffern, vor allem aber Haare, Unmengen von Haaren, auftürmten. Als ich an diesen Glasscheiben vorüberging, verbanden sich plötzlich die Nullen der Tausende von Todesopfern aus dem Geschichtsunterricht mit einzelnen Menschen. Ich begann zu begreifen, wie vieler Köpfe es bedurfte, um diesem Berg von Haaren einen Sinn zu geben. Das bisher so abstrakte und leere, weil angelernte Wort Auschwitz füllte sich bei diesem ersten Besuch mit dem konkreten Verbrechen an konkreten Menschen, mit konkreten Namen und Adressen, die mit Kreide auf Koffern geschrieben standen, mit Brillengestellen, Tellern, Krücken, Gehhilfen. Das ist alles, was von meinem ersten Besuch in Auschwitz geblieben ist. Mehr aufzunehmen war ich nicht fähig.

Heute, viele Jahre später, reise ich zum zweiten Mal nach Auschwitz. In einem Bus von Krakau aus, der im Sommer zu Sondertarifen das Museum anfährt und überfüllt ist mit Rucksacktouristen aus Polen, aber auch aus Amerika und England. Auf Deutsche treffe ich nicht, obwohl sie nach den Amerikanern zu den häufigsten Besuchern des Museums zählen. Vielleicht liegt es daran, dass August ist und die Deutschen lieber im Frühjahr kommen oder im Herbst, dann in organisierten Gruppenreisen mit deutschsprachigen Reiseleitern. Kurz vor der geplanten Ankunftszeit ruft der Busfahrer eine Station aus. Auschwitz. Unruhe macht sich breit. Eine alte Frau bahnt sich den Weg durch die Rucksäcke zum Ausgang. „Wollen Sie zum Museum?", fragt ein polnischer Jugendlicher. „Nein, zum Einkaufen", sagt die Frau. Und als der Bus hält, steigt sie aus. Auschwitz-Museum ist erst die nächste Haltestelle.

Der Eintritt in das Museum ist frei, nur die Führungen kosten eine Gebühr. Die Teilnehmer der Gruppen bekommen, je nach Sprache, bunte Vierecke an die Kleidung geheftet. Ich habe ein ungutes Gefühl dabei, mache mich lieber selbst auf den Weg und gehe zum zweiten Mal in meinem Leben durch das Tor mit der Aufschrift. Sie erschreckt mich heute nicht mehr so wie damals, schockiert mich auf eine andere, distanziertere Art und Weise. Nichts hat sich verändert seit damals. Und doch hat sich etwas verändert. Während ich durch die Baracken gehe, kommt es mir so vor, als führe ich zum zweiten Mal mit der gleichen Geisterbahn, ich bin vorbereitet auf das Unerwartete. Jetzt nehme ich mir die Zeit und Ruhe, die Dokumente in den Vitrinen zu studieren, die Beschriftungen der Ausstellungsstücke zu lesen, bei der einen oder anderen Gruppenführung mitzuhören. Dem konkreten Schock von damals steht heute mein Verlangen nach Information gegenüber. Jetzt erst, nachdem ich beim ersten Besuch gelernt habe, was die Nullen in Zahlen bedeuten, verspüre ich das Bedürfnis, etwas über die Geschichte des Lagers, den Tagesablauf der Gefangenen und die technischen Einzelheiten der Vergasungen zu erfahren. All das, wofür damals kein Platz mehr in meinem Kopf geblieben war.

Wieder stehe ich in jenem Raum, in dem die abgeschnittenen Haare der vergasten Opfer aufbewahrt werden. Es gibt keinen Ort, an dem ich mich dem Zweiten Weltkrieg näher fühle. Dem Holocaust. Dem Schicksal der Opfer von damals. Heute kann ich die Haare schon näher betrachten, die Farben differenzieren, erkenne die Zöpfe von Kindern. Bis an diesen Ort habe ich jahrelang ein Gedicht von Tadeusz Różewicz in mir getragen. Vielleicht sein bekanntestes. Aber hierher, und vielleicht nur hierher, gehört es, denn hier hat er es 1948 geschrieben:

Kleiner Zopf

Als alle frauen
des transports rasiert waren
fegten vier arbeiter
mit besen aus lindenlaub
das haar zu einem haufen

Da liegt unterm sauberen glas
das spröde haar
der vergasten
nadeln und hornkämme
stecken darin

Kein licht durchleuchtet es
kein wind zerwühlt es
keine hand kein regen
kein mund berührt es

In großen kisten
ballt sich trockenes haar
der vergasten
darunter ein kleiner grauer zopf
mäuseschwänzchen mit schleife
an dem in der schule
die frechen buben zupften

Jeder Pole kennt dieses Gedicht aus seiner Schulzeit. Für mich ist es die Brücke zwischen den Nullen und den Menschen, wenn ich fern bin von Auschwitz, Hilfe brauche.

Bei meinem ersten Besuch hier habe ich Auschwitz nicht als Museum wahrgenommen. Das Entsetzen damals verhinderte jede intensivere Betrachtung, jede scheinobjektivierte Begegnung. Nun, beim zweiten Mal, bemerke ich, dass ich älter geworden bin, langsamer durch die Räume gehe als früher, Details mehr Aufmerksamkeit widme als dem Galgen, der Erschießungswand, oder der Todeszelle von Maximilian Kolbe. In einer der Vitrinen stoße ich auf einen Brief über die Lieferung von Haarmaterial an eine Firma, die es zu Webteppichen verarbeiten soll. In einem anderen Saal auf das Modell einer Gaskammer, in dem der Ablauf der Vergasung in einzelnen Schritten dargestellt wird. Wieder an anderer Stelle auf Briefe und Fotos von Lagerinsassen, gemalte Bilder aus dem Lageralltag. Jede halbe Stunde wird ein Film gezeigt mit Originalaufnahmen von der Befreiung des Lagers durch sowjetische Soldaten. Obwohl der Film in verschiedenen Sprachen läuft, versteht er sich von selber. Die Bilder bedürfen keines Kommentars.

Ein Bus bringt mich vom Hauptlager Auschwitz ins nahe gelegene Vernichtungslager Birkenau. Früher gab es eine direkte Bahnverbindung zwischen beiden Lagern, und noch heute sind die Schienen an manchen Stellen sichtbar. Bilder von Birkenau, von dem hohen Wachturm und der langen Todesrampe kannte ich aus Dokumentarfilmen. In Steven Spielbergs Film „Schindlers Liste“ tauchte die Rampe erstmals als Originalschauplatz in einem Spielfilm auf. Doch die Begegnung mit dem Ort lässt die Bilder verblassen. Das Lager vermittelt mir mit seinen unzähligen leer stehenden, zum Teil auch innen noch vollständig erhaltenen Baracken den Eindruck einer Totenstadt. Keine Berge von Haaren, keine Vitrinen, Beschriftungen. Nur ein langer, sehr langer, breiter Weg führt die Rampe entlang, vorbei an der endlos scheinenden Reihe von Baracken hin zu einem monumentalen Denkmal für die Opfer des Lagers. Während das Hauptlager durch die vielen Ausstellungsräume Ablenkung von der Betroffenheit bietet, lässt mich Birkenau durch seine Weite ins Leere laufen, zwingt mich zur Auseinandersetzung. Lässt mich auf den Boden stieren. Das Unvorstellbare ausmalen.

Am Ende der Rampe stoße ich auf einen Berg aus Betonplatten. Die Überreste der gesprengten Gaskammern. Das Betreten ist verboten. Daneben das Denkmal, dessen Inschrift in vielen Sprachen verfasst ist: *Dieser Ort sei allzeit ein Aufschrei der Verzweiflung und Mahnung an die Menschheit. Hier ermordeten die Nazis etwa anderthalb Millionen Männer, Frauen und Kinder. Die meisten waren Juden aus verschiedenen Ländern Europas. Auschwitz-Birkenau 1940-1945.* Das Denkmal und die Inschrift erinnern mich wieder daran, dass ich mich in einem Museum befinde.

Den Weg zurück zum Wachturm empfinde ich dann als noch länger, noch quälender. Am Ende verlasse ich das Lager wieder durch das Tor. Ein Tor, das sich nie schließt.

Pieniny

Auf dem Rücken des Dunajec. Floßfahrt auf einem Grenzfluss

Ganz vorne auf dem Floß sitzt schon ein kleiner Junge, der lacht, als ich beim Einsteigen über eine der niedrigen Bootswände stolpere. Ich lache zurück und verberge den Schmerz in meinem Bein. Auf dem Kopf trägt der Junge, dessen Vater einer der beiden Flößer ist, den traditionellen Hut der einheimischen Gebirgsbewohner, der Góralen, schwarz mit roter Borte. Dazu ein T-Shirt mit der Aufschrift *ChicagoBulls. NBI. Basketball.* Der Spagat zwischen den Welten scheint dem Jungen nichts auszumachen, er verbindet beide mit dem Charme eines Kindes, das sich nicht unnötig über Kleinigkeiten Gedanken machen muss.

Da ich der Erste bin, der auf das Floß steigt, muss ich mich ganz nach vorne auf die rechte Seite setzen. Das Floß besteht aus fünf aneinandergebundenen Einzelkähnen, weshalb ich vier Bootswände übersteigen muss. Endlich angekommen, nehme ich hinter dem Jungen Platz, der mit sichtbarem Stolz an der Spitze des Floßes die Rolle einer Galionsfigur einnimmt.

Kein Tourist, der den Süden Polens besucht, lässt sich dieses Abenteuer entgehen. Wo sonst bietet sich noch die Gelegenheit, auf Holzflößen reißende Stromschnellen zu überwinden, ohne sich dabei einem unkalkulierbaren Risiko auszusetzen? Doch das Abenteuer hat seinen Preis. Dutzende von Bussen und Autos stehen auf dem Parkplatz, und die Masse der Besucher gibt kaum noch den Blick frei auf die zahlreichen kleinen Souvenirstände, die neben Stickereien und Holzschnitzarbeiten vor allem den typischen Ziegenkäse der Region verkaufen. Von Naturidylle und Einsamkeit ist die Stimmung an der Ablegestelle weit entfernt. Im Minutentakt legen die Flöße an dem kleinen Steg an und nehmen die Touristen auf. Abgezählt. Zehn in jedes Boot. Und damit die Wartezeit schneller vergeht, spielen zwei hübsch gekleidete Góralenmädchen eingängige Melodien auf der Geige.

Mein Unmut legt sich, als die beiden Góralen unser Floß mit langen Stöcken vom Ufer abstoßen. Schneller als erwartet sind die Busse außer Sichtweite, und auch die anderen Flöße verlieren sich bald schon auf dem breiten Rücken des Dunajec. Das unruhige Treiben auf der Ablegestelle ist unmerklich dem Plätschern der in den Fluss eintauchenden Holzstöcke gewichen.

Die Góralen bringen das Floß voran, indem sie sich mit ihren Stöcken von Zeit zu Zeit vom Grund des Flusses abstoßen. Einer vorne, einer hinten, unterstützt von der Strömung des Flusses. Den beiden ist die Schwerstarbeit dabei nicht anzumerken. Im Gegenteil. Nebenbei erkundigen sie sich nach dem Befinden ihrer Gäste und deren Schwimmfähigkeiten. Zum Scherz, versteht sich.

An den Ufern erheben sich schon nach wenigen Metern links und rechts die steilen Hänge der Pieniny, durch die sich der Fluss in scharfen und uneinsehbaren Kurven windet und dabei gleichzeitig seiner Rolle als Grenzfluss zwischen Polen und der Slowakei gerecht wird. Während ihrer Arbeit erzählen uns die Góralen immer wieder Anekdoten und Geschichten über den Fluss und den Nationalpark der Pieniny. Jeder Felsen, der an uns vorüberzieht, birgt irgendein Geheimnis. Sie erzählen uns, wie der Käse der Góralen gemacht wird und wie die Stöcke hergestellt werden. Ab und zu, wenn wir ein anderes Floß überholen, wechseln sie ein paar Worte mit den Kollegen, während der kleine Junge vorne dann triumphierend seinen Hut schwenkt. Nähert sich dagegen ein anderes Boot von hinten, schimpft er seinen Vater, dass er zu langsam sei.

Ich habe das Umfeld um mich herum schnell vergessen. Fasziniert von den Spielarten der Natur, betrachte ich das Panorama an beiden Ufern und lasse ab und zu meine Hand in das kalte Wasser gleiten. Während das rechte Ufer zur Slowakei gehört, befinde ich mich an dem linken in Polen. Ich stelle mir vor, wie ich auf einer politischen Landkarte genau auf der Grenzlinie zwischen beiden Ländern fahre, als hätte der Fluss freiwillig die Aufgabe übernommen, zwei Staaten zu trennen. Kaum zu glauben, dass rechts des Flusses eine andere Sprache gesprochen wird oder das Geld anders aussieht als auf der linken Seite. Die Menschen hingegen, die uns von beiden Seiten aus immer wieder zuwinken, weil sie am Flussufer baden oder grillen, lassen nur schwer auf ihre Nationalität schließen. Einmal sind es Einheimische, die dort wohnen, ein anderes Mal Urlauber, die auf Fahrrädern oder mit dem Auto den Lauf des Dunajec begleiten.

Der Fluss selbst hingegen vertreibt sich die Langeweile auf seine Weise. Manchmal scheint er sich genüsslich in seinem Bett zu sonnen, geradezu träge treiben zu lassen von dem leichten Gefälle. An anderen Stellen wiederum scheint er mit den Flößen zu spielen, setzt ihnen tückische Stromschnellen entgegen, welche die Flößer nur mit Mühe bewältigen. Manchmal warnen die Góralen uns, dass es gefährlich wird und nass, doch ihr Mienenspiel verrät, dass auch sie nur mit uns spielen. Doch wehe dem, der seinen Fotoapparat nicht rechtzeitig in Sicherheit gebracht hat.

Als sich der Fluss während einer Passage in engen Windungen um die Berge schlängelt, schließen die Góralen mit uns Wetten ab, zu welchem Land der jeweils vor uns liegende Berg denn gehört. Und meistens gewinnen sie. Kein Wunder, legen sie die Strecke doch ein bis zweimal täglich zurück und wissen genau, wo der Fremde sich von der Natur täuschen lässt. Doch die Verlierer nehmen das Spiel gelassen. Und auch den Bergen dürfte es egal sein, welchem Land die Menschen sie zugeschlagen haben. Für sie gibt es keine trennenden Sprachen, Währungen oder Traditionen. Sie existieren in Einklang mit dem Fluss, in dessen Wasser sie sich spiegeln und ihre Füße kühlen.

Nach zweieinhalbstündiger Fahrt legt das Floß in dem kleinen Dorf Szczawnica an, und erst jetzt nehme ich die Schmerzen wahr, die das Sitzen auf den harten Holzbänken hervorgerufen hat. Es dauert ein bisschen, bis meine Beine ihre volle Funktionsfähigkeit zurückgewonnen haben, sie wanken zunächst noch ein wenig unsicher durch den Kies. Doch im Gegensatz zu den Flößen, die nun völlig hilflos die Rückreise auf Anhängern über die Straße antreten müssen, bewege ich mich wieder frei, bin Herr meiner Wege und steuere ein kleines Café an, von dessen Terrasse ich einen schönen Blick auf das Wasser habe. Ich beobachte, wie der Fluss, als sei er müde von der Last, ein Floß nach dem anderen hier an Land spuckt, um seinen Weg alleine fortzusetzen, so als gehe der Rest seines Lebens keinen Menschen etwas an. Keinen Flößer, keinen Touristen. Und noch während ich darüber nachdenke, durch welche Schluchten und

Stromschnellen er sein Wasser wohl weiterführt, rollt ein Basketball unter meinen Tisch.

Ortsverzeichnis

Die Verwendung deutscher oder polnischer Ortsnamen hat keinen politischen Hintergrund. Sie orientiert sich am gängigen Gebrauch des jeweiligen Namens.

Auschwitz	Oświęcim
Breslau	Wrocław
Danzig	Gdańsk
Gleiwitz	Gliwice
Fürstenstein	Książ
Krakau	Kraków
Leschnitz	Leśnica
Lodz	Łódź
Marienburg	Malbork
Nikischschacht	Nikiszowiec
Nikolaiken	Mikołajki
Rastenburg	Rastrzyn
Ratibor	Racibórz
Schweidnitz	Świdnica
Damm	Słubice
St. Annaberg	Góra św. Anny
Stettin	Szczecin
Tannenberg	Grunwald
Thorn	Toruń
Waldenburg	Wałbrzych
Warschau	Warszawa
Zoppot	Sopot

Zum Autor

Matthias Kneip wurde 1969 in Regensburg geboren und studierte Germanistik, Ostslawistik und Politologie an der Universität Regensburg. 1995/96 arbeitete er als Lektor für deutsche Sprache und Literatur an der Universität Oppeln, 1999 promovierte er an der Universität Regensburg über das Thema „Die politische Rolle der deutschen Sprache in Oberschlesien 1921-1998“. Seit März 2000 ist Kneip als wissenschaftlicher Mitarbeiter am renommierten Deutschen Polen-Institut in Darmstadt tätig. Daneben arbeitet er als Lyriker und Publizist für verschiedene Tageszeitungen, außerdem als Polenreferent für Unternehmen. Kneip ist Mitglied im Deutschen P.E.N.-Zentrum sowie im Verband deutscher Schriftsteller. Er lebt in Regensburg und Darmstadt.

Kneips Erfahrungen mit Polen, aber auch seine kritisch-distanzierte Sicht auf die Verhältnisse in Deutschland spiegeln sich sowohl in seiner Lyrik als auch in seinen publizistischen Veröffentlichungen wider. Seine Gedichte, die sich durch einen spielerischen Umgang mit Sprache sowie hintergründigen Humor auszeichnen, wurden u. a. ins Polnische, Russische und Japanische übersetzt. Für sein literarisches und publizistisches Schaffen erhielt er zahlreiche Preise wie den Gedok-Literaturpreis 1997 und den Kulturförderpreis der Stadt Regensburg 2001.

Von Matthias Kniep bisher erschienen

- „Einmal Leben und zurück". Gedichte. Buch- und Kunstverlag Oberpfalz. Amberg 1995.
- „Farbe für Schwarz-Weiß". Gedichte und Essays zur deutsch-polnischen Annäherung. Zweisprachig. Breslau 1998.
- „In meiner Faust den Tag". Gedichte. Edition lichtung. Viechtach 1998.
- „Die deutsche Sprache in Oberschlesien. Untersuchungen zur politischen Rolle der deutschen Sprache als Minderheitensprache 1921-1998". Hrsg. v. d. Forschungsstelle Ost-Mitteleuropa an der Universität Dortmund. Dortmund 1999. 2. Aufl. 2000.
- „zärtlich kriegen". Gedichte. Snayder-Verlag. Paderborn 2000. 3. Aufl. Verlag House of the Poets. Paderborn 2003.
- „Grundsteine im Gepäck. Begegnungen mit Polen". Verlag House of the Poets. Paderborn 2002. Taschenbuchausgabe 2006.
- „Polnische Literatur und deutsch-polnische Literaturbeziehungen". Arbeitsmaterialien für den Deutschunterricht. Cornelsen-Verlag 2003.
- „Między nami. Unter uns." Gedichte. Zweisprachig. Mit einem Vorwort von Feliks Netz. Biblioteka Śląska. Katowice 2004.
- „Grundsteine im Gepäck. Begegnungen mit Polen". Hörbuch (CD). Lohrbär-Verlag. Regensburg 2005.
- „Liebes Verhältnisse". Gedichte und Prosa. Verlag House of the Poets. Paderborn 2005.
- „Z sercem w plecaku. Spotkania Niemca z Polską". Verlag Dolnośląskie. Wrocław 2005.
- „Polnische Geschichte und deutsch-polnische Beziehungen". Cornelsen. Berlin 2007.

Im Verlag House of the Poets erschienen

Grundsteine im Gepäck – Begegnungen mit Polen

Mit „Grundsteine im Gepäck“ gelingt Matthias Kneip ein ungewöhnliches und wohl einmaliges Porträt Polens, ein Mosaik aus Gedichten und Prosastücken, in dem der junge deutsche Autor Szenen des polnischen Alltags ebenso feinfühlig und liebevoll beschreibt wie die Atmosphäre polnischer Städte. Krakau, Breslau oder Danzig erhalten in den Reiseskizzen von Kneip ein Gesicht, drücken eine Stimmung aus, wie sie wohl nur jemand in der Lage zu zeichnen ist, der mit deutschen und polnischen „Grundsteinen im Gepäck“ unterwegs ist.

„Erklär mir das Haus, den Baum, den Raum ...“ ist der rote Faden, der die Erzählung, Reflexionen, Gedichte von Matthias Kneip zu einem Erinnerungsgeflecht zusammenbindet: das Wurzelland Schlesien, das Reisetagebuch der Wanderschaft zurück von Hier nach Dort und die lyrischbesinnlichen Haltestellen der Gedanken zwischen Einst und Jetzt. Eine legitime Erkundung und eine aufrichtige Dokumentation ...

(Karl Dedecius)

12,80 Euro

190 Seiten

ISBN 3-936706-05-5 Taschenbuchausgabe 2006

Vertrieb in Deutschland durch den Verlag House of the Poets

Z sercem w plecaku – Spotkania z Polską

(Polnische Übersetzung von „Grundsteine im Gepäck. Begegnungen mit Polen")

Matthias Kneip urodził się w polsko-niemieckiej rodzinie w 1969 roku w Regensburgu, na tamtejeszym uniwersytecie studiował germanistykę, slawistykę wschodnią i politologię. W latach 1995-1996 pracował jako lektor na uniwersytecie w Opolu. Pracę doktorską poświęcił analizie politycznej roli języka niemieckiego na Górnym Sląsku w latach 1921-1999. Od roku 2000 autor jest naukowym współpracownikiem Deutsches Polen-Institut w Darmstadt; działa też jako niezależny pisarz. Pośredniczenie między kulturami Niemiec i krajów Europy Wschodniej, zwłaszcza Polski, to dla niego nie tylko ważna inspiracja literacka, ale także osobisty motyw, przejawiający się zarówno w jego publicystyce, jak i w poezji.
Z sercem w plecaku to zapis wrażeń z wędrówek po polskich miastach, sylwetki znanych i przypadkowo spotkanych ludzi. Oczami młodego Niemca oglądamy nasze codzienne życie.

8,90 Euro
160 Seiten
ISBN 83-7384-428-7 1. Auflage 2005

Im Verlag House of the Poets erschienen

Liebes Verhältnisse

An einer Station stieg ein junges Mädchen zu und setzte sich neben mich. Sofort nahm sie ein Buch aus der Tasche und schlug es beim Lesezeichen auf. Ich machte den Fehler, einen umständlichen Blick auf den Titel zu riskieren, da schloss sie das Buch, lächelte mich an und zeigte auf den Titel. „Kennen Sie es?", fragte sie. „Wissen Sie, ich liebe Shakespeare! Er verändert das Leben!" Sie erzählte noch irgendetwas von einem neuen Theater in London, dann stieg ich aus. Alle lieben etwas. Äpfel. Bestimmte Wetterlagen. Bücher. Große Busen. Kleine Hintern. Breite Schultern. Blondes Haar. Sonnenuntergänge. Geschwindigkeiten. Tiere. Joghurtsorten. Die Liebe ist der Joker in einem Kartenspiel. Jeder verwendet ihn anders. Nur zwischen Bube und Dame liegt er nie, weil er dort keinen Platz hat.

In witzig-ironischen, aber auch tiefsinnigen und nachdenklichen Gedichten und Geschichten spürt der Schriftsteller Matthias Kneip „Liebes Verhältnissen" nach. Was unterscheidet die Liebe zwischen Mann und Frau von der Liebe zur Schokolade? Die Liebe der Kinder zu ihrem Teddybär von der Liebe zu ihren Eltern? Kunstvoll fügt er die verschiedenen Variationen eines alten Themas zu einem neuartigen literarischen Mosaik zusammen.

12,00 Euro
118 Seiten
ISBN 3-936706-03-4 1. Auflage 2005

Im Verlag House of the Poets erschienen

zärtlich kriegen

Kneips Gedichte, die sich durch einen spielerischen Umgang mit Sprache sowie hintergründigen Humor auszeichnen, wurden u. a. ins Polnische, Russische und Japanische übersetzt. Dieser Band gibt einen guten Einblick in die lyrische Ästhetik des Autors.

Nebenbei bemerkt es herrscht Krieg
ohne Erklärung
jeder gegen den Rest
man zieht den Hut statt die Waffe
lächelt
reicht die Hand
wenn nötig wirft man Worte ab
...

9,90 Euro
96 Seiten
ISBN 3-9806883-2-1 3. Auflage 2003